하이디 베이커의 사랑

Learning to Love

by Heidi and Rolland Baker

Copyright ⓒ 2012 by Heidi and Rolland Baker

Originally published in English under the title
Learning to Love by River Publishing
Barham Court, Teston, Maidstone, Kent, ME18 5BZ, United Kingdom

Korean translation Copyright ⓒ 2012 by Pure Nard
2F 774-31, Yeoksam 2dong, Gangnam-gu, Seoul, Korea

본 제작물의 한국어판 저작권은 River Publishing과의 독점 계약으로 한국어 판권은 '순전한 나드'가 소유합니다.
저작권자의 허락 없이 이 책의 일부 또는 전체를 무단 복제, 전재, 발췌하면 저작권법에 의해 처벌을 받습니다.

하이디 베이커의

초판발행| 2013년 4월 30일

지 은 이| 하이디 & 롤랜드 베이커
옮 긴 이| 김광석

펴 낸 이| 허철
편　　집| 김혜진
디 자 인| 이보다나
인 쇄 소| 예원프린팅

펴 낸 곳| 도서출판 순전한 나드
등록번호| 제2010-000128
주　　소| 서울 강남구 역삼2동 774-31 2층
도서문의| 02) 574-6702 / 010-6214-9129
편 집 실| 02) 574-9702
팩　　스| 02) 574-9704
홈페이지| www.purenard.co.kr

Printed in Korea

ISBN 978-89-6237-140-6 03230

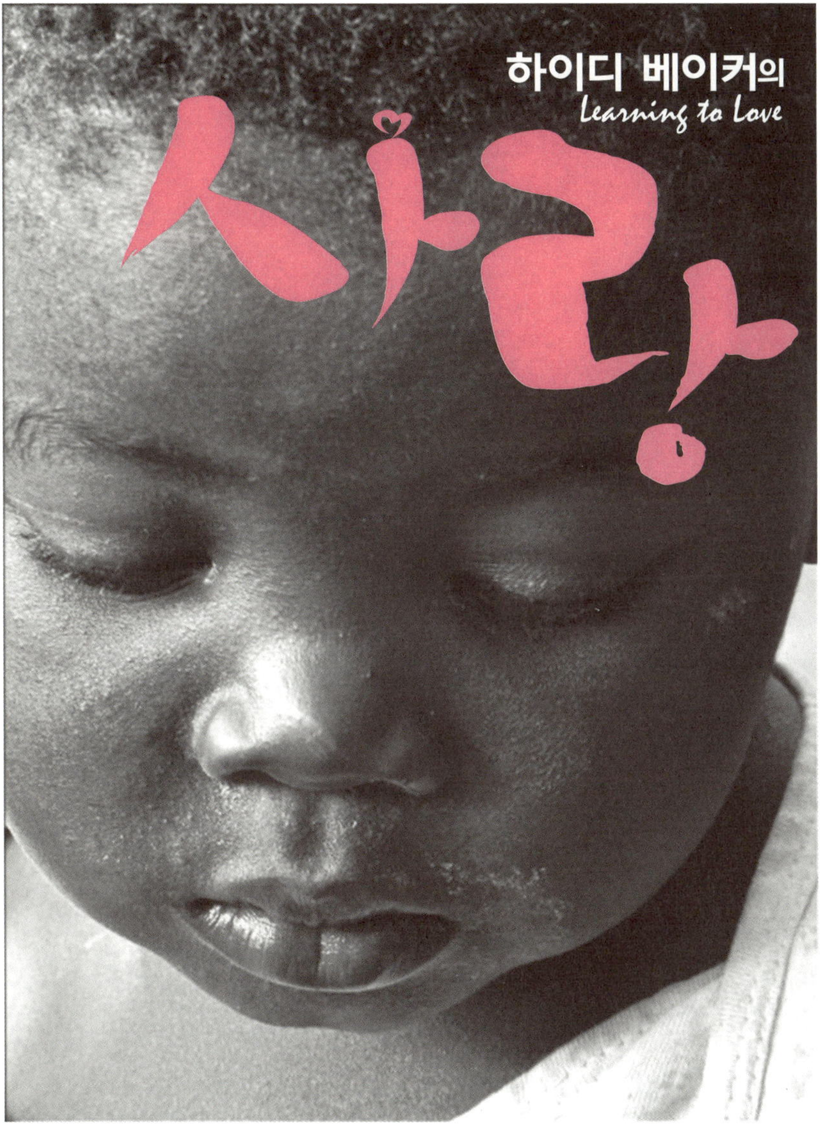
하이디 베이커의
Learning to Love
사랑

하이디 & 롤랜드 베이커 지음 | 김광석 옮김

순전한 나드

하이디 & 롤랜드 베이커에 대하여

하이디 베이커는

캘리포니아 라구나 해변에서 태어나 성장했다. 그녀는 16세에 아메리칸 필드서비스(American Field Service, 민간봉사단체-역주) 소속으로 인디언 보호구역에서 일하던 중 나바호족 인디언 전도자에 의해 주님께 인도되었다. 하이디는 회심 후 몇 개월 뒤에 열린 환상 가운데 들어갔다. 환상 중에 주님은 그녀가 아프리카와 아시아, 영국의 선교사가 될 것이라고 말씀하셨다. 다시 라구나로 돌아온 그녀는 사역을 시작했고, 단기선교팀을 인도하기도 했다. 그리고 남부 캘리포니아대학(Southern California College, 현재의 뱅가드대학)에 입학하여 선교를 준비하였다.

롤랜드 베이커는

중국 운남성 쿤밍에서 선교사의 아들로 태어났다. 아버지와 어머니 쪽으로 모두 3대째 선교사인 그는 18세까지 중국과 대만에서 성장했다. 그는 어려서부터 할아버지인 헤롤드 A. 베이커의 영향을 많이 받았다. 헤롤드는 《중국의 어린이 부흥과 천국에 대한 비전》(Visions Beyond the Veil)이라는 책을 썼는데, 이 책은 1930년대 초기 중국 남서부에 위치한 아둘람고아원에서 그가 돌보던 어린이들이 본 천국과 지옥에 대한 방대한 환상을 그리고 있다. 또한 롤랜드는 인도네시아의 부흥을 주도한 《급하고 강한 바람처럼》(Like a Mighty Wind)의 저자 멜 태리에게서 큰 영향을 받았다. 미국에서 대학생활을 하면서 그는 멜 태리와 같은 초차연적인 표적과 기사가 자유롭게 흘러나오는 사역을 하고 싶다는 갈망을 품었다.

하이디와 롤랜드는

캘리포니아의 작은 교회에서 만났다. 이 두 사람은 절망에 빠진 자들과 가난한 자들 그리고 잃어버린 자들에게 복음과 더불어 성령의 강한 기름부으심을 전하는 사역에 대한 갈망과 소명 안에서 하나가 되었다.

하이디와 롤랜드는 1980년에 아이리스선교회를 세웠다. 이들은 필리핀과 대만 등 동남아시아를 중심으로 춤과 드라마를 통해 복음을 전하는 사역을 시작했다. 성경연구와 교회 리더십에 대해 공부하여 학위를 받은 그들은 1985년에 사역자로 안수를 받았다. 그 후 인도네시아로 이주하였다가 홍콩으로 옮겨가서 여러 교회를 개척하였다. 그곳에서 그들은 빈민가에서 주로 마약중독자들과 조직폭력배, 노숙자와 노인 등 가장 소외되고 가난한 사람들을 대상으로 사역하였다.

동남아시아에서 10년간 사역한 후 그들은 1992년에 영국으로 이주하여 런던대학에서 조직신학 박사과정을 공부하기 시작했다. 공부를 하는 중에도 그들은 교회 사역을 하며 노숙자들을 섬겼다. 하이디가 박사학위를 받은 1995년에 그들은 자녀인 크리스탈린, 엘리사와 함께 모잠비크로 왔다.

　하이디와 롤랜드는 모잠비크 남부에 위치한 수도 마푸토에서 거의 10년간 머물며 여러 개의 아동센터와 교회 네트워크를 세웠다. 2004년에 그들은 모잠비크의 북부 카보 델가도의 해변도시인 펨바로 이주하여 현재까지 거주하고 있다. 이들 부부는 그들의 소망대로 성령의 강력한 기름부음과 기적이 함께하는 전도를 펼쳐 수천 개의 교회를 개척하고, 다양한 구호활동과 교육사업, 지역개발을 주도하고 있다. 또한 원주민 지도자 양성을 위해 하비스트성경대학과 선교학교에서 정기적으로 가르치고 있으며, 배와 비행기를 이용하여 지리적으로 고립된 밀림의 미전도종족을 찾아가 복음을 전하고 있다. 이들은 모잠비크뿐만 아니라 전 세계의 다양한 교단이 주최하는 행사와 컨퍼런스에서 말씀을 전하며 하나님 나라 확장에 힘쓰고 있다.

목차

하이디 & 롤랜드 베이커에 대하여   4
이야기를 시작하며   12

Part 1 열정과 긍휼

Chapter 1 큰 혼인 잔치   18
Chapter 2 벼랑 끝의 삶   32
Chapter 3 우물을 파다   45
Chapter 4 우리는 축복 받은 자   55

Part 2 기쁨과 고난의 잔

Chapter 5 멈출 수 없는 사랑   78

Chapter 6 펨바의 어린이사역   90

Chapter 7 단순하고 실제적인 사랑   98

Chapter 8 우리의 하루   109

Chapter 9 더 낮은 곳으로   118

Chapter 10 주님의 능력으로   129

Chapter 11 퍼져가는 하나님 나라   142

Chapter 12 펨바에서의 크리스마스   157

Part 3 사랑은 무능하지 않다

Chapter 13 아직 오지 않은 최선을 향해 168

Chapter 14 하나님을 즐거워하라 183

Chapter 15 부흥, 순전한 선교의 열매 195

Chapter 16 우리의 핵심가치 213

Part 4 오직 주의 영으로

Chapter 17 아이리스와 함께한 여정　　238

Chapter 18 어린이날　　255

에필로그　　276

이야기를
시작하며

우리는 예수님께서 가장 큰 계명이라고 말씀하신 "네 마음을 다하고 목숨을 다하고 뜻을 다하고 힘을 다하여 주 너의 하나님을 사랑하라"(마 12:30)는 말씀과 "네 이웃을 네 자신 같이 사랑하라"(눅 10:27)는 말씀에 실제적으로 민첩하게 반응하기로 결단하였다. 우리는 하나님께서 우리가 이 사랑을 생각과 삶과 모든 행동 가운데 구체적으로 표현하고 실현하기 원하신다고 확신한다. 아이리스선교회는 모든 면에서 하나님의 나라가 이 땅에 도래하도록 힘쓰며, 특히 가난한 자들(빈곤한 자, 소외된 자, 마음이 상한 자, 버려진 자)을 섬기라는 특별한 부르심에 부응하기 위해 존재한다.

우리가 보내심을 받은 사역의 현장에서 '사랑'은 매우 다양하게 표현된다. 사랑은 배고픈 자들에게는 날마다 공급되는 빵으로, 목마른 자들에게는 물로, 병든 자들에게는 치유로 표현된다. 또한 사랑은 고아들에

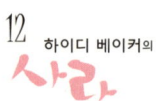
하이디 베이커의

게는 가족을, 포로 된 자들에게는 자유를, 전쟁에 찢긴 자들에게는 평화를 의미한다. 가난한 자들이 우리와 함께하는 한, 우리는 언제나 모든 면에서 사랑이 실제적인 것이 되길 원한다. 우리의 사역은 지구상에서 경제적으로나 영적으로 가장 절실한 상황 가운데 있는 자들에게 복음을 전하고, 그것을 그들의 삶에 적용하는 것이다. 우리는 그리스도 안에서 담대함으로 이 모든 것을 감당할 수 있다.

우리가 가장 중요하게 생각하는 사역은 가난한 자들 중에서도 가장 가난한 자들을 위한 것이다. 이를 위해 우리가 모잠비크에서 중점적으로 벌이고 있는 사역은 학교와 아동센터, 집과 교회 건축이다. 음식 공급과 전도와 치유, 우물 파기, 의료 봉사, 사역자를 양성하는 훈련 프로그램, 컨퍼런스 개최, 지역 목회자 지원 등과 같은 사역도 함께 진행되고 있다. 또한 우리는 가족이 없는 모든 아이들에게 새로운 가정을 만들어주고 있다.

사역의 규모가 커지면서 우리는 이러한 사역들을 다른 나라들로 확장하는 특권을 누렸다. 현재 이 사역을 함께하고 있는 나라는 브라질, 콩고공화국, 인도, 인도네시아, 이스라엘, 케냐, 마다가스카르, 말라위, 네팔, 시에라리온, 남아공, 한국, 수단 그리고 탄자니아이다.

우리는 이 모든 사역이 전 세계의 수많은 사람들이 놀라운 믿음과 관대한 후원으로 함께하기 때문에 가능하다는 것을 잘 알고 있다. 우리는 주님의 신부이자 한 몸인 교회의 지체로서 모두가 귀한 상급을 함께 받을 것이라고 확신한다.

　쉼 없이 부어지는 사랑의 폭포수 가운데 주리고 목마른 영혼들을 섬기면서, 우리는 너무나 귀한 보물들을 발견하는 축복을 받았다. 우리는 이것을 그리스도의 몸 전체와 나누는 것이 매우 중요한 소명이라고 믿는다. 이 책을 통해 나누는 모든 도전과 승리의 이야기가 그리스도의 몸 된 교회 전체에 생명과 힘이 되길 바란다. 또한 이를 통해 하나님의 아들을 믿는 것과 아는 일에 우리 모두가 하나가 되길 소망한다(엡 4:13).

이야기를 시작하며

Part 1
열정과 긍휼

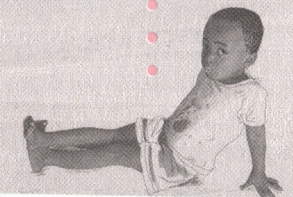

Chapter 1
큰 혼인 잔치

"주님, 제 마음을 부수어 더 크게 만들어주세요."

{ Heidi Baker }
하이디 베이커

아름다운 나라 모잠비크에서 사역하는 우리를 기억하고 후원하는 세계 도처의 모든 분들에게 진심으로 감사드린다. 우리는 사랑과 정성이 담긴 후원금으로 주께서 우리에게 먹이라고(영적으로 그리고 육체적으로) 맡기신 곤핍한 자들을 먹이고 있다. 우리는 하나님께서 이처럼 신실한 동역자들을 일으키셔서 그분의 뜻을 이루어가시는 것을 지켜보며 놀랄 뿐이다. 사랑스러운 그들은 우리의 가족이다. 다시 한 번, 가난한 자들을 위해 베풀어준 모든 기도와 사랑과 넘치는 선물에 대해 깊이 감사드린다.

최근에 주님께서는 나에게 누가복음 14장에 나오는 큰 혼인 잔치의 비유를 계속해서 말씀하셨다. 딸 크리스탈린이 브록 휴먼과 결혼하던 날, 영광스럽게도 4천 명 이상의 하객이 참석했다. 그날은 날씨가 너무나 좋았다. 태양은 푸르디푸른 인도양에 어른거리고 있었고, 크리스탈린과 브록은 부겐빌레아 꽃으로 장식된 거대한 아치 아래에 서 있었다. 결혼식은 우리가 거주하는 '기쁨의 마을'(Village of Joy) 건너편 해변에서 진행되었다.

신부의 들러리를 서기 위해 알록달록한 아프리카 셔츠를 입고 줄지어 선 64명의 아이들의 모습은 정말 오색찬란했다. 크리스탈린의 손을 잡고 입장하는 남편 롤랜드의 뒤로 아이들이 즐겁게 노래하며 바닷물처럼 흘러들어왔다. 마푸토와 펨바에서 온 두 명의 호세 목사는 나의 주례를 통역해주었다.

예식을 마친 후 모잠비크의 수상과 기업인 그리고 가난한 지역주민들 모두가 함께 음식을 먹었다. 이를 위해 수백 명의 목회자와 하비스트 선교학교 학생들이 섬겼다. 그들은 밥과 닭고기와 샐러드를 한 가득 담은 접시와 음료를 날랐다. 그날 4천 명의 하객 모두가 케이크를 한 조각씩 받았다. 그들 중에는 케이크를 평생 처음 먹어보는 사람도 많았다! 만면에 미소를 지으며 케이크를 먹는 그들의 모습을 바라보는 것만으로도 너무나 즐거웠다! 봉사자들은 4시간 동안 음식을 날랐다. 이날을 위해 하비스트선교학교 학생들과 선교사들 그리고 모잠비크인 요리사들 모두가 며칠 동안 날마다 케이크를 만들었다.

피로연장은 모잠비크의 전통찬양과 춤으로 흥겨웠다. 이 결혼식은 누가복음 14장 13절과 매우 흡사했다.

잔치를 베풀거든 차라리 가난한 자들과 몸 불편한 자들과 저는 자들과 맹인들을 청하라

결혼식의 주인공인 크리스탈린과 브록

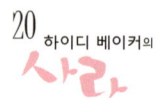

결혼식을 앞두고 우리는 사람들에게 나눠줄 초대장을 인쇄하여 누가복음 14장 21절의 말씀처럼 서둘러 동네 거리와 골목으로 나섰다. 그렇게 초대장을 돌렸는데도 여전히 빈자리가 남아 있었다. 그래서 자리를 가득 채우기 위해 우리는 도로와 멀리 떨어진 마을까지 가서 사람들을 초청했다.

하나님은 그분의 집이 채워지길 갈망하신다. 그래서 하나님은 사랑하는 종들을 부르시고, 그들에게 밖으로 달려 나가 주님이 베푸신 아름다운 혼인 잔치에 가난한 자들을 초청하라고 하신다. 주님은 우리 모두가 충분히 먹을 수 있도록 아들의 생명으로 이 잔치의 비용을 이미 지불하셨다.

새로 지은 교회가 사람들로 넘쳐나고, 그들이 이 큰 혼인 잔치로 인해 즐거워하는 모습은 기쁨 그 자체이다. 하나님께서 기막히게 아름다운 모잠비크의 석양 아래에서 치러진 우리 딸의 결혼식을 미소를 머금고 바라보셨으리라! 이렇게 좋은 날에 주 안에서 한 가족이 된 사람들과 먹고 마시며 교제하는 즐거움이란!

지난주에 우리는 팀을 이루어 밀림 깊은 곳으로 가서 복음을 전했다. 이곳을 처음 방문한 사람들에게 모잠비크의 밀림은 매우 외지고 험한 곳이다. 그러나 우리는 사전에 밀림을 답사했고, 하나님께서 그곳으로 우리를 부르고 계신다는 것도 알았다. 그곳은 이전에 가려고 시도한 사람이 거의 없는 곳이었다. 우리는 움푹 파인 구덩이를 넘고 들판과 비포장도로를 지나는 몇 시간 동안 정신없이 덜컹거리는 차 안에서 엉덩이를 들썩거리며 찬양했다. 땅 끝까지 복음을 전하는 것이 최고의 기쁨인 우리는 깊은 밤이 되어서야 사람의 발길이 잘 닿지 않은 마을에 들어설 수 있었다. 그 마을에서 예수의 이름을 들어본 사람은 고작 60명뿐이었다.

나는 4톤 트럭에 만든 임시 강단에 올라갔다. 함께 간 나의 영적 자녀들이 선한 사마리아인을 주제로 한 연극을 선보였고, 나는 마을 사람들에게 나의 좋은 친구를 소개했다. 우리를 위해 가던 길을 멈추신 분, 바로 왕이신 예수님을 소개한 것이다. 설교 내내 열정을 쏟아냈고, 그에 대한 응답으로 청중들은 손을 흔들어댔다. 그들은 하나님을 원했다! 그날 밤, 소리를 전혀 듣지 못하던 한 소녀의 귀가 열린 것을 비롯하여 많은 사람들이 치유를 받았다. 그렇게 주님의 명성이 그 마을에 퍼져갔다.

이 놀라운 광경을 보며 기쁨에 압도된 마을의 추장은 우리에게 아동센터를 열어달라고 부탁했다. 다음날 그는 마을의 장로들을 모두 소집하여 나를 찾아왔다. 나는 그에게 보배로우신 예수님을 전했고, 그는 자신의 삶을 주님께 드렸다.

모든 일정을 마친 우리는 별이 밝게 빛나는 하늘 아래에 텐트를 치고 침낭에서 잤다. 늦은 시간까지 몇몇의 모잠비크인 목회자들이 모닥불 주변에 둘러앉아 선교학교 학생들에게 간증을 했다. 다음날 아침 일찍 우리는 브록의 21번째 생일을 축하해주었다. 생일을 이렇게 보낸다는 것

'선한 사마리아인'을 주제로 한 연극

인도양에서의 세례

Chapter 1 큰 혼인 잔치

해변으로 가던 중 진흙에 빠진 자동차

은 얼마나 멋지고 특별한 일인가!

한편 우리는 해변으로 가서 새로이 회심한 자들에게 세례를 주기 위해 차에 올랐다. 그런데 바다로 가는 도중 나의 영적인 아들인 허버트의 자동차가 진흙탕에 빠졌다. 허버트는 무서운 홍수 중에도 두 달간 이 차를 몰고 다니며 기아에 허덕이는 5만 명의 사람들에게 먹을 것을 전해주었다. 그런데 그 차가 6시간 동안 진흙에 빠져 옴짝달싹 못하고 있는 것이다. 밀물이 들어오기 전에 차를 꺼내야 했기에 마을 사람 전부가 동원

되었다. 26명의 새로운 마쿠아족 친구들이 몰려와 우리를 도왔다. 그들은 우리와 한 팀이 되어 진흙에서 차를 꺼냈다. 만일 그 차가 진흙에 빠지지 않았다면 그들은 구원받지 못했을지도 모른다.

예수님은 우리를 위해 걸음을 멈추셨다. 그리고 이제 우리가 그들을 위해 걸음을 멈췄다. 그러자 이번엔 그들이 우리를 위해 걸음을 멈췄다! 나는 마을 사람들에게 베푸는 것을 좋아하지만, 이렇게 도움을 받는 것도 너무 좋다. 우리는 그들의 도움이 필요했고, 모두가 하나의 거대한 가족이 되어 차를 꺼냈다. 예수 안에서 말이다! 주님은 우리를 진흙구덩이에서 건지셔서 단단한 땅에 세우셨다. 그날 우리는 태양전지가 달린 신약성경 플레이어 3대를 마을 사람들에게 주었다. 그들은 이것을 매일 밤 들을 것이다.

나는 진흙집에 사는 모잠비크 친구들과 함께 보내는 시간이 너무 좋다. 마을에 갈 때면 나는 학생이 되어 그들의 이야기에 귀를 기울이고 교훈을 얻는다. 나는 이처럼 단순하게 사는 게 너무 좋다. 나의 즐거움은 그들이 예수님을 만나는 것을 보는 것이다.

예수님을 만난 마을 사람들은 그분의 사랑의 능력으로 인해 변화된다. 나는 모잠비크의 모든 사람들을 기쁨의 혼인 잔치에 초대하고 싶다.

{ Rolland Baker }
롤랜드 베이커

　밀림 속 마을을 다녀온 1주일 후, 우리는 4톤 트럭을 몰고 다시 복음을 전하러 갔다. 이번에는 한 번도 복음을 들어본 적이 없는 마을로 갔다. 그 마을 사람 중 예수의 이름을 아는 사람은 단 한 명도 없었다. 5년 전, 미전도지역이었던 이곳에 도착한 이래로 670개의 교회를 세웠음에도 불구하고, 어찌 된 일인지 우리는 이 마을을 그냥 지나쳤다.
　그러나 이번의 방문으로 귀가 멀고 눈먼 자들이 고침을 받았고, 온 마을이 열정적으로 예수님께 돌아왔다. 당시 하이디가 청각장애인 청년을 위해 기도하자 그가 즉시 듣기 시작했다. 그는 그때까지 단 한 단어도 듣거나 말해본 적이 없었다. 새로 찾은 음성으로 그는 하이디의 말을 그대로 따라 하기 시작했다. 그러자 청중들은 열광했다. 모든 사람이 이 청년을 너무나 잘 알고 있었기에, 그들은 이것이 하나님의 역사라는 것을 확신할 수 있었다. 군중들은 박수를 치고, 웃고, 소리를 지르며 그 청년을 그들의 어깨 위로 높이 치켜들었다. 영적으로 주리고 어린 아이와 같이 순수한 마을 사람들의 마음에 소망이 찾아왔다.

다음날 아침, 우리는 교회 건물을 지을 땅을 사기 위해 재빠르게 움직였다. 이제 우리는 그곳에 목회자를 보낼 것이고, 마을 사람들 가운데 능력 있는 지도자들을 성경학교로 데려와 훈련시킬 것이다. 이제 그 마을도 우리의 가족이 된 것이다. 우리는 하나님의 자비와 은혜와 능력과 영광이 그들 위에 한량없이 쏟아져 내리길 기도한다. 한편 그들에게는 많은 가르침과 제자훈련이 필요하다. 이를 위해 선교사들이 시간을 내어 마을을 방문하여 사람들과 일대일로 교제를 나눌 것이고, 그러한 헌신을 통해 그들은 나날이 성장하게 될 것이다.

날 때부터 듣지도, 말하지도 못했던 청년이 처음으로 듣고 말하고 있다.

묵상의 시간

그들이 조반 먹은 후에 예수께서 시몬 베드로에게 이르시되 요한의 아들 시몬아 네가 이 사람들보다 나를 더 사랑하느냐 하시니 이르되 주님 그러하나이다 내가 주를 사랑하는 줄 주님께서 아시나이다 이르시되 내 어린 양을 먹이라 하시고 (요 21:15)

　　　　예수님은 우리를 너무나 사랑하시기 때문에 결코 우리를 떠나지 않으신다. 주님의 사랑은 종종 한 가지 질문으로 시작된다. 그것은 우리 마음 깊은 곳에서 울리는 "네가 나를 사랑하느냐?"라는 질문이다.

　그런데 우리는 하나님께서 질문하실 때 너무 빨리 대답하곤 한다. 하나님께서 바라시는 것을 온전히 깨닫지 못한 채 말이다. 사실 하나님은 우리의 생각보다 마음에 영향을 끼치고 싶어 하신다. 주님은 우리가 깨어진 세상에서 일어나는 상황에 대해 반응하는 방식을 바꾸기 원하시는 것이다.

　당신은 예수님 때문에 사역을 수행하고, 주님을 위한 목적을 성취하며 인생을 살아가는가? 사랑하는 자여, 그것이 바로 우리가 일을 해야 하는 유일한 이유이다. 오직 주님만이 우리의 안전한 거처가 되신다는 것을 기억하라. 우리는 주님을 마시고, 주님으로 채우며, 주님을 쏟아낸 뒤에 또다시 주님으로 채워야만 한다.

　예수님은 우리를 살리시는 떡과 포도주이시다. 주님은 내가 필요로 하는 모든 것이다. 주님이 없으면 나는 온전히 기능할 수 없다. 다른 대책이 없는 것이다. 어떤 강사들은 노트북 컴퓨터를 꺼내어 파워포인트로 멋지게 설명한다. 나는 파워포인트를 볼 때마다 항상 "와!"하고 감탄을 연발하는데, 이것은 조금도 과장된 행동이 아니다. 사실 나는 그런 기기들을 다룰 줄 모른다. 나는 컴퓨터를 겨우 사용하는 정도이며, 못하는 것도 많다. 그러나 나는 예수님의 임재에 대해서 만큼은 너무나 뜨거운 열정을 가지고 있다. 내 마음은 "하나님, 당신이 나타나시지 않으면 저는 죽습니다! 저는 지금 필사적입니다"라고 외친다.

성경은 "네 마음을 다하고 목숨을 다하고 뜻을 다하여 주 너의 하나님을 사랑하라"고 말한다(마 22:37). 우리 모두는 우리의 모든 존재를 다하여 하나님을 사랑하도록 부르심을 받았다. 우리는 우리의 전 존재(마음, 영혼, 생각, 감정)를 영원히 주님께 드려야 한다. 하나님은 우리가 온전히 주님께 승복하길 원하신다. '마음을 다하고 목숨을 다하고 뜻을 다하여 하나님을 사랑하는 것', 이것이 바로 열정이다.

그런 열정이 없는데 왜 교회 모임에 가려 하는가? 나는 "만일 하나님이 나타나지 않으시면, 저는 교회에 가고 싶지 않습니다. 그런 교회는 싫어요"라고 고백한다. 주님이 안 계시는 교회는 완전히 알맹이가 빠진 쭉정이와 같다. 그렇지 않은가?

주님과의 사랑에 빠진 삶, 열정으로 가득한 삶을 살기로 결심하자. 최악을 최선으로, 죽음을 생명으로, 어둠을 빛으로 바꾸기로 결단하자.

그러나 무엇이든지 내게 유익하던 것을 내가 그리스도를 위하여 다 해

> 로 여길뿐더러 또한 모든 것을 해로 여김은 내 주 그리스도 예수를 아
> 는 지식이 가장 고상하기 때문이라 내가 그를 위하여 모든 것을 잃어버
> 리고 배설물로 여김은 그리스도를 얻고 (빌 3:7-8)

우리가 주님께 항복할 때 잃는 것은 실제로 하나도 없다. 그 안에 거하기만 하면 우리는 모든 것을 얻는다. 우리는 주님의 사랑 가운데 사는 새 삶을 얻었다. 우리의 작은 생명을 그분의 사랑 앞에 올려드릴 때, 주님은 우리를 그분의 날개로 덮으시고 살아 역사하시는 성령으로 적셔주신다. 주님의 말씀대로 생명 가운데 심겨진 씨앗들이 땅에 떨어져 죽지 않으면 어떻게 열매를 맺겠는가!

상수리나무는 땅에 감춰진 도토리로부터 그 생명이 시작된다. 어느 누구도 도토리가 그곳에 있다는 것을 모른다. 그러나 감춰진 그 작은 것 안에 힘과 장엄함과 안식처와 아름다움이 들어 있다. 작은 도토리는 평생에 걸쳐 자기가 지음 받은 목적을 다 이룬다. 사랑하는 자여, 우리는 주님 안에 감춰진 그분의 씨앗이다.

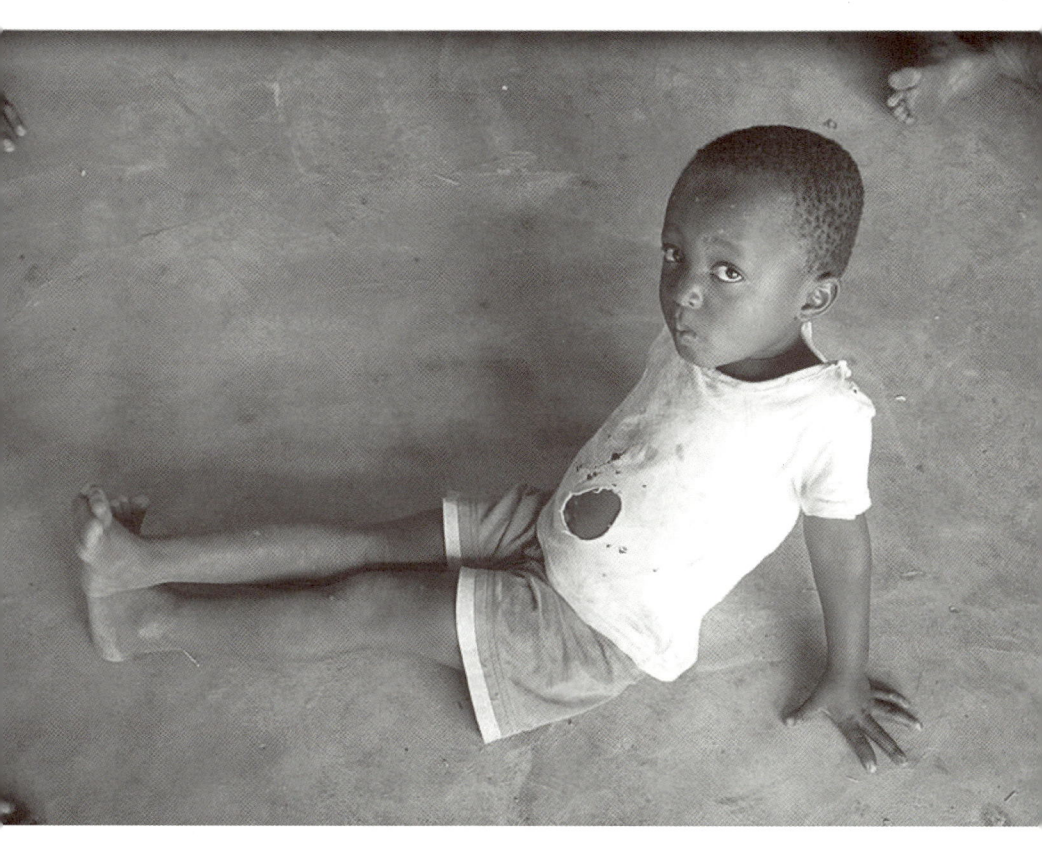

Chapter 1 큰 혼인 잔치

Chapter 2

벼랑 끝의 삶

"영생을 얻기 위해 무엇을 해야 하나이까?"

{ Rolland Baker
롤랜드 베이커 }

이 시간 나는 무척이나 흥분된다. 사탄이 벌여놓은 최악의 사태에도 불구하고, 우리 가족과 교회들은 모잠비크의 여러 지역에서 계속해서 성장하며 굳건히 서가고 있다. 하나님의 나라가 우리에게 임하고, 천국의 능력이 이 세상 가운데로 들어오고 있다. 하나님의 말씀을 먹고 그 말씀대로 행할 때, 우리는 구세주께 더 가까이 나아가며 능력으로 충만해진다. 주님과 우리의 친밀감은 너무나 커서 아무리 큰 상상력을 발휘한다 해도 그 관계의 경이로움을 다 이해할 수는 없을 것이다. 성령님은 여러 시련을 사용하셔서 우리를 최고의 친구이신 예수님께로 날마다 더 가까이 데려가신다. 아버지의 완벽한 형상이신 주님은 우리의 가장 큰 기쁨이 되셨다. 그렇다. 예수님은 우리의 영원한 목적지와 살아갈 이유가 되신다. 우리는 "어떻게 하면 주님을 더 잘 알 수 있을까?"라고 마음속으로 계속해서 외쳤다. 그럴 때마다 우리는 천국에 계신 주님의 성품을 점점 더 많이 닮아간다. 그리고 십자가의 능력으로 영광에서 영광으로 변화되어 하나님과 영원하고 완전한 교제를 나눌 준비를 한다.

종종 사람들은 우리가 선교 현장에서 어떻게 준비하고 '이 모든 일들을 어떻게 행하는지' 알고 싶어 한다. 이에 대해 나는 그저 주님의 나라를 구하게 되면 언제나 벼랑 끝에 서게 된다는 사실을 말할 뿐이다. 우리가 그 벼랑에서 물러서서 보다 더 '평범한'(normal) 사역을 하는 가운데 생명을 발견한 적은 단 한 번도 없었다. 때로 우리의 육신은 더 많은 휴식과 혼란스러운 상황들을 정리할 더 많은 시간이 필요하다고 외쳤다. 그러나 어쩌면 정당한 것처럼 들리는 이러한 외침 속에서 우리는 사탄의 궤계를 간파하고 완전하신 구세주를 더욱 신뢰해야 했다. 그것은 매우 많은 시간을 주님과 함께하고, 삶의 모든 것에 대해 말씀드리는 것을 의미한다. 그렇게 주님과 동행할 때, 우리는 온 마음과 힘을 다해 하나님을 사랑함으로 감당해야 할 일들을 부여받는다. 결정을 내리고, 비용을 지출하고, 프로젝트를 시작할 때마다 우리는 벼랑 끝에 더 가까이 간다. 그러면 주님은 우리의 한계를 뛰어넘어 사역에 필요한 팀과 후원금, 아이디어들을 보내주신다. 이처럼 우리는 벼랑 끝에 가까이 가서야 계속해서 앞을 향해 전진할 수 있다.

　이 여정을 가는 동안 이미 벼랑 끝으로 떨어져 구조를 받아야 할 자들을 만나기도 한다. 그들은 바로 가난한 자와 노숙자와 고아들이다. 그들은 물질적인 필요와 영적인 갈급함을 너무나 뼈저리게 느끼고 있기에 도움의 손길을 거절할 정도로 교만하지 않다. 우리가 삶으로 진실한 주님의 사랑을 보여주면, 그들은 왕 되신 주님께로 나아온다. 주님께서 말한 마디와 안수 한 번으로 시각장애인과 청각장애인을 고치시면, 온 마을이 다 주님께로 나오기도 한다.

　잔치를 베풀기 위해 우리는 한 트럭 가득 음식을 싣고, 휴대용 태양전지 신약성경 플레이어와 목회자들을 위한 성경도 가져간다. 옷가지와 초가지붕에 덮을 비닐까지 챙겨간 것들을 넉넉히 나누어주면 하나님의 사랑이 자유롭게 흘러간다. 그때가 바로 하이디와 내가 벼랑 끝에서 영혼의 재충전을 받는 시간이다.

　이 벼랑 끝을 우리는 떠날 수가 없다. 왜냐하면 아직 그들에게 필요한 것들이 너무나 많기 때문이다. 사람들은 몇 시간을 걸어가서 간신히 구한 물을 담은 물동이를 머리에 이고 다시 몇 시간을 걸어 돌아온다. 그래서 우리는 우물 파는 장비를 구했다. 그러자 이번에는 우물 파는 과

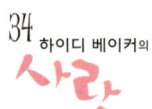

정을 감독할 엔지니어들이 필요했는데, 감사하게도 미국에서 한 엔지니어가 와주기로 했다. 한편 더이상 어린이집에서 지내기 어려운 청소년들을 위한 집도 필요하다. 그리고 교회를 세우기 위해 마푸토 시내에 땅과 건물도 사야 한다. 게다가 우기가 오기 전에 초등학교를 지으려면 정직하고 유능한 건설 노동자들을 서둘러 만나야 한다.

또한 모잠비크의 북쪽과 남쪽 부족 사이에 도사리고 있는 심각한 긴장도 완화시켜야 한다. 그리고 우리 주변에 있는 모슬렘들에게 우리가

글을 읽을 줄 모르는 목회자들에게 선물한 태양전지 신약성경 플레이어

이곳에 온 이유가 하나님의 순전한 사랑을 보여주기 위한 것임을 알려주어야 한다. 실제로 우리가 이곳에 있는 이유는 가능한 한 모든 면에서 하나님 나라를 보여주기 위해서다. 이 모든 일을 감당하며 주님을 섬기는 일이 즐거운 것이 되려면, 성령으로 충만해야 한다. 그리고 온갖 종류의 공급하심이 필요하다. 그것은 이곳, 즉 벼랑 끝에 사는 삶이 아니면 맛볼 수 없는 공급하심이다.

하나님의 사랑을 입은 자여, 우리는 당신이 벼랑 끝에서 살기를 초청한다. 당신은 주님만을 위해 지음 받았다. 그러므로 나는 당신이 하나님께서 부르셔서 살게 하시는 당신의 벼랑 끝이 어디인지를 깨닫길 기도한다. 어떻게 하면 그것을 알 수 있을까? 일상의 삶에서 항상 마음을 다하고 목숨을 다하고 힘을 다하여 하나님을 사랑하면, 당신은 한계에 이를 것이고 거기에서 벼랑 끝을 보게 될 것이다. 당신은 그곳이 하나님이 원하시는 자리라는 것을 알게 될 것이며, 그곳에서는 오직 하나님만이 당신을 붙들어주실 수 있다.

오직 사랑으로 역사하는 믿음만이 중요하다. 단순한 삶, 예수님을 향한 순전한 헌신의 삶을 결코 저버리지 말라. 중압감에 짓눌릴 때, 우리가 할 수 있는 유일한 일은 십자가에 못 박히신 예수님을 바라보는 것뿐이다. 우리는 십자가의 능력으로 살아가며, 그 안에서 안정감을 누린다. 십자가 아래에서 우리는 그 곁을 지나치는 사람들에게 인간의 한계에 대

한 경각심을 일깨우고 십자가로 나오라고 설득한다. 그리고 우리의 말을 듣고 가던 길을 돌이켜 예수님께로 나아오는 자들은 우리의 영원한 기쁨이 된다.

{ Heidi Baker }
하이디 베이커

우리는 매우 도전적이고 혹독한 한 달을 보냈다. 지난 몇 주간 너무나 많은 일들이 일어나서 마치 1년이 지난 것 같은 기분이다. 우리는 부족 간의 분쟁을 다루고 정부와 논쟁을 해야 했으며, 몇 개의 교회를 새로 지어 봉헌했다. 한편으로는 타락한 지방정부 관리들이 교회 하나와 집을 몰수했고, 3명의 목회자들이 복음 때문에 매를 맞았다. 교회 바로 앞 우리의 소유지에서 복음을 전했는데도, 이교도인들이 격분하여 트럭에 돌을 던지고 카를로스 목사의 멱살을 잡고 구타했다. 청소년 지도자인 딜로가 성난 무리를 다른 곳으로 유인해준 덕분에 나는 친구 조지안, 위니 바노프와 함께 차를 타고 그곳을 빠져나올 수 있었다. 그날 젊은 지도자들의 놀라운 용기를 통해 하나님의 사랑과 능력을 확인할 수 있었다.

이런 소용돌이 속에서도 여러 날 동안 기도하고 지혜를 모으는 가운데 우리는 다소 안정을 되찾았다. 우리는 주일에 함께 모여 우리를 공격한 자들을 그리스도 예수의 사랑을 입은 교회로서 어떻게 용서할지를 의논하고 있었다. 바로 그때, 한 모슬렘 남자가 찾아와 예수님을 알기 원한다고 말했다. 우리를 통해 주님의 사랑을 본 것이다. 그는 자신의 아내와 다섯 자녀들과 함께 그리스도를 구세주로 영접하였다. 이어서 경찰은 우리 목회자들을 때린 폭도들 중 몇 사람을 체포했다고 전했다. 구금자들은 기소되어 감옥에 갈 수도 있는 상황이었다. 그러나 우리는 그들을 풀어주었고, 그들에게 우리 교회를 불태우지 말라고 부탁했다. 사랑은 모든 것을 덮어준다. 우리는 가장 어려운 상황에서도 주님의 사랑이 우리를 가득 채울 것이라고 믿는다.

다음날 밤 우리는 다시 복음을 전했는데, 4명의 청각장애인이 고침을 받았다. 그 중 나이 많은 한 사람은 20년 이상 완전히 듣지 못했었다. 그가 치유되었다는 소식이 마을의 종교지도자들에게 전해지자 그들은 매우 놀랐다. 그 일 이후로 그들은 우리가 마을에 가는 것을 환영했다.

아무것도 할 수 없다고 생각될 때, 나는 주님께서 행하신 모든 것을 기억하고 나 자신을 주님 안에 세운다. 그리고 주님의 사랑으로 구속함을 받은 소중한 아이들의 눈을 들여다본다. 그리고 그 아이들을 내 팔에 안는 특권을 누린다.

한편 카보 델가도의 아이들은 매우 굶주린 상태였다. 그러한 상황

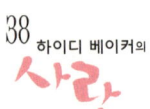

중에 방문한 사랑하는 친구 조지안과 위니 바노프는 우리에게 매우 큰 위로가 되었다. 멋진 사역팀인 그들은 염소를 잡아 마을 사람들을 위해 큰 잔치를 베풀었다. 그러자 마을의 모든 아이들이 진흙으로 지은 교회로 몰려와 음식을 맛있게 즐겼다. 선하신 주님은 우리를 부르셔서 이처럼 도전적이고 풍성한 열매를 맺는 나라에서 매일 삶을 쏟아내라 하신다.

오병이어의 기적

줄리아나 칼카도의 은혜로운 간증을 들려주고 싶다. 그는 브라질 사람인데 말라위 남부 국경 근방의 테테에 위치한 아이리스 본부에서 일한다.

우리는 말라위 국경 근처에 있는 타포라는 마을을 방문하고 있었습니다. 이 지역은 매우 건조해서 우물이 없습니다. 그래서 강에서 물을 길으려면 매일 30분씩 걸어야 합니다. 그래서 이곳 사람들에게는 음식과 물이 절대적으로 필요합니다. 타포에는 전기도 없어서 휴대전화가 안 됩니다. 그래서 우리가 그곳에 간다는 소식을 전할 수도 없었죠. 이곳은 참으로 외진 곳이며 모잠비크에서도 매우 가난한 지역입니다.

우리는 트럭에 18포대의 옥수수를 실었다고 생각했습니다. 그런데 가는 도중에 계산 착오로 14포대만 실었다는 사실을 알게 됐습니다. 타포에는 음식을 살 곳이 없었고, 다시 창고로 돌아갈 정도로 충분한 연료도 없었습니다. 4포대가 모자란 상태로 타포에 간다는 것은 많은 어린이들이 절실하게 필요로 하는 음식 없이 지내야 한다는 것을 의미했습니다.

음식을 나눠주면서 우리는 걱정을 주님께 맡겼습니다. 그리고 음식을 축복하며 당면한 과업에 집중했습니다. 그런데 우리가 나눠줄 때 하나님께서 옥수수를 늘려주셨습니다. 그래서 어린이들 모두가 그들이 받아야 할 옥수수를 부족함 없이 다 받았습니다! 심지어 곡식이 남아서 더 달라고 간청하는 한 과부에게 남은 것을 모두 건네주었습니다. 할렐루야!

 이처럼 절망적인 상황 중에 하나님이 나타나셔서 주님의 자녀들에게 베푸시는 사랑은 참으로 경이롭다. 창조의 하나님은 사역 가운데 놀라운 능력을 나타내시며, 우리가 이 세상에서 주님의 손과 발이 되는 것을 기뻐하신다!

묵상의 시간

믿음으로 말미암아 그리스도께서 너희 마음에 계시게 하시옵고 너희가 사랑 가운데서 뿌리가 박히고 터가 굳어져서 능히 모든 성도와 함께 지식에 넘치는 그리스도의 사랑을 알고 그 너비와 길이와 높이와 깊이가 어떠함을 깨달아 하나님의 모든 충만하신 것으로 너희에게 충만하게 하시기를 구하노라 (엡 3:17-19)

사랑에 빠지면 삶은 달라진다. 어떤 일이든 하고, 어디든 간다. 당신이 원하는 것은 그저 사랑하는 이와 함께하는 것이다. 이것이 바로 열정이다. 열정은 완전한 헌신이며, 발끝을 살짝 물에 담갔다가 빼는 것이 아니다. 당신은 왜 사랑하지 않는데 섬기고, 사역하고, 교회에 가고, 집회에 참석하는가?

우리는 이 진리를 발견하기 전에 26년 동안 선교사 생활을 했다. 심지어 롤랜드는 선교지에서 태어났다. 우리는 정말 지치고 탈진했었다. 언젠가 나는 가게에서 일하는 꿈을 꾸곤 했다. 그곳은 출근할 때 머리를 빗을 필요도 없는 그런 허름한 가게였다. 우리가 홍콩에서 선교사로 사역하던 시절에는 누가 가장 불행하고 가장 가난한지 서로 경쟁하는 것 같았다. 예수님께서 제자들을 부르실 때에 "나를 따르라"고 말씀하신 것을 기억하는가? 그 말씀을 당시 우리에게 적용하면 다음과 같았다. "와서 나를 따르라. 선교사가 되라. 그리고 이 나라를 미워하라. 기후도 미워하라. 관습도 미워하라. 음식도 미

Chapter 2 벼랑 끝의 삶

워하라. 와서 나를 따르라. 그 삶은 멋진 삶이니라!"

이렇게 심각하게 삐딱했던 우리의 상태를 단지 주님의 뜻을 잘 알지 못했다고 말하는 것만으로는 부족하다. 그러나 하나님은 우리를 붙드셨고 달콤한 '성령의 사랑'을 우리 안에 부으셨다. 주님은 우리를 사랑으로 충만하여 온전히 헌신하는 사람으로 바꾸셨다. 주님의 사랑을 소유하자 멈출 수 없는 에너지가 생겨났다. 자신이 사랑받는다는 것을 아는 자들은 사람을 신뢰한다. 이것이 바로 예수님과 사랑에 빠져 벼랑 끝의 삶을 산 사도 바울이 당신과 나에게 바라는 것이다. 그래서 그는 "너희가 사랑 가운데서 뿌리가 박히고 터가 굳어져서"라고 썼다.

사랑에 빠지면 능력이 생긴다. 사랑하는 분이 요청하면 어떤 일도 할 수 있고, 어디든 갈 수 있다. 당신은 사랑하는 분이 당신과 함께 그곳에 계시다는 것을 단순히 믿는다. 빛이 기다리고 있다는 것을 안다면, 어두운 곳으로도 달려갈 수 있다. 배에서 폭풍이 몰아치는 바다로 뛰어내릴 수 있다. 어떤 위험도 감수할 수 있으며, 벼랑 끝에서도 살 수 있다. 이리 넘어지든 저리 넘어지든 당신은 은혜 가운데로 넘어진다.

일전에 나는 독일에서 온 하나님의 사람과 집회를 인도한 적이 있다. 그는 매우 품위가 있는 사람이었고, 그의 메시지는 멋졌다. 그런데 그의 순서가 끝나고 내가 말씀을 전할 차례가 되었을 때, 나를 통해 성령께서 하신 말씀은 "너무 크면 너무 작다"란 말이었다.

약 20분 동안 나는 계속 반복해서 "너무 크면 너무 작다"라는 메시지를 전해야 했다. 마침내 이 품위 있는 하나님의 사람은 이를 더이상 참을 수 없어 했다. 만일 하나님께서 그를 의자에서 꼼짝달싹 못하게 하지 않으셨다면, 그는 자리를 떠났을 것이다(어쨌든 지금 우리는 좋은 친구가 되었다). 이 메시지의 뜻은 무엇인가? 그것은 생각(mind)이 너무

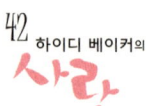

크면 마음(heart)이 너무 작아져서 되는 일이 없다는 뜻이다. 이럴 경우에 당신은 하늘로 솟아오르기는커녕 날갯짓조차 제대로 하지 못한다.

> 이르시되 너희 믿음이 작은 까닭이니라 진실로 너희에게 이르노니 만일 너희에게 믿음이 겨자씨 한 알 만큼만 있어도 이 산을 명하여 여기서 저기로 옮겨지라 하면 옮겨질 것이요 또 너희가 못할 것이 없으리라 (마 17:20)

하늘로 솟아오르는 그런 종류의 믿음은 어디에서 나오는가? 그것은 바로 사랑에서 나오며, 예수님이 누구신지를 알고 주님이 당신에 대해 어떻게 생각하시는지, 당신이 무엇이 되길 원하시는지를 아는 것에서 나온다. 사랑에 빠지면 능력이 생긴다. 그리스도의 사랑의 너비와 길이와 높이와 깊이를 알기 시작하면, 당신은 충만해진다. 무엇으로 충만해지는가? 하나님으로 충만해진다. 주님이 당신에게 무엇을 하길 원하시든지 그것을 할 수 있으며, 주님이 어디로 가라 하시든지 갈 수 있다는 확신으로 충만해진다. 당신은 벼랑 끝에서도 살 수 있게 된다. 왜냐하면 가장 어두운 곳이라 할지라도 그곳에서 빛이 기다리고 있기 때문이다. 그것은 당신과 내 안에 있는 주님의 사랑, 주님의 빛이다. 열정, 그것은 우리로 멈추지 못하게 한다.

너무 크면 너무 작다. 오늘 그리고 앞으로 계속해서 이 땅에서 하늘에 계신 주님을 바라보자. 그리고 매일의 삶 가운데 그분의 사랑을 느껴보자. 그럴 때, 하나님의 모든 충만하심이 우리를 가득 채울 것이다. 그러면 불가능이란 없어진다!

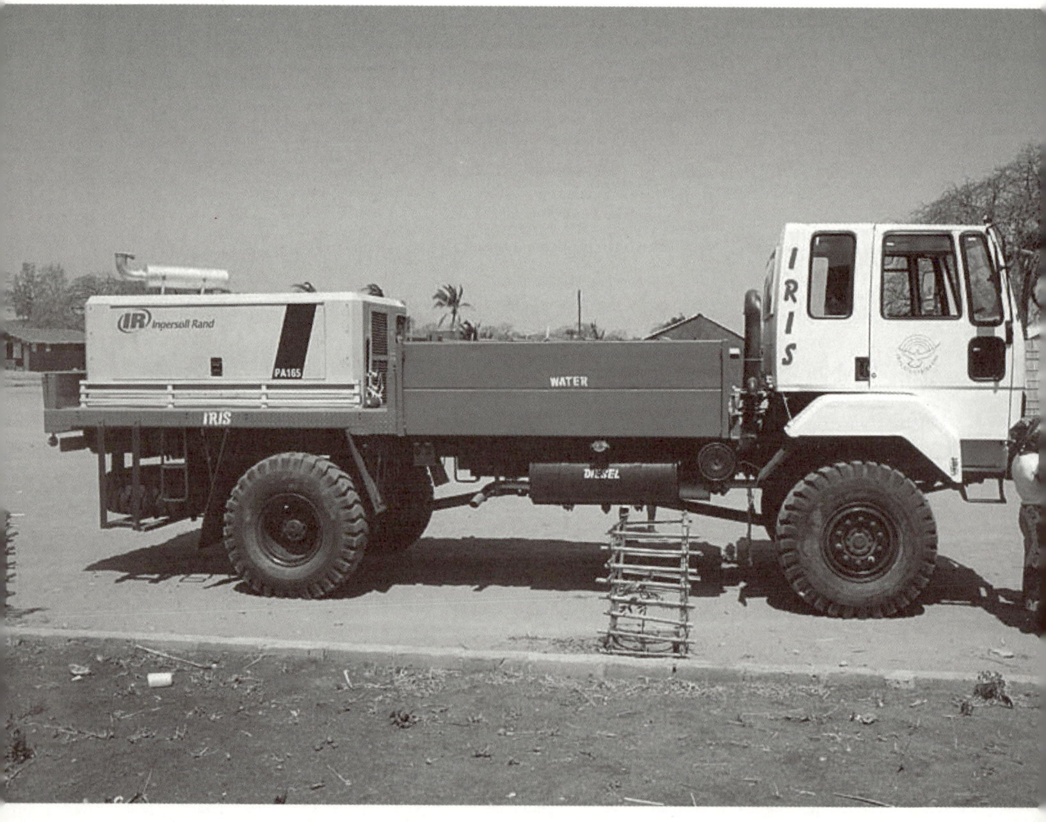

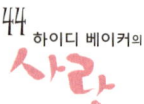

우물을 파다

"오라! 너희 모든 목마른 자들아 물로 나아오라."

{ Rolland Baker }
롤랜드 베이커

 마침내 우리가 이겼다! 수년 동안 기도하고 계획하고 부르짖으며 행하는 가운데 결국 하나님의 뜻이 이루어졌다. 9월 12일 금요일에 우리는 펨바에서 웅장하고 아름다운 고성능 시추용 차량으로 처음으로 땅을 팠다. 이 얼마나 기쁜 일인가!
 우리는 이 장비로 인해 수많은 사람들의 일상이 변화될 것을 기대한다. 예수님께서 가던 길을 멈추시고 우물가에서 만난 사마리아 여인에게 회복과 영생을 주셨던 것처럼, 주님은 우리가 우물을 팔 때마다 모잠비크의 가난한 영혼들에게는 윤택한 삶을 주시고, 잃어버린 영혼들에게는 영생을 주실 것이다.

이 마을 저 마을을 다니며 메말라 딱딱하고 먼지 나는 땅을 뚫을 때마다, 우리는 주님의 사랑과 복음을 전한다. 여전히 모잠비크의 많은 친구들이 물 한 동이를 긷기 위해 몇 시간 혹은 하루 종일 걷는다. 또한 깨끗한 물이 없어서 한 해에 수많은 사람들이 죽는다.

시추용 차량과 함께 한 롤랜드와 하이디

시추 작업

우리는 이곳의 모든 마을에 우물을 파주길 간절히 소망한다. 감사한 것은 비록 작더라도 시추용 차량이 있기 때문에(이 장비에는 강력한 암면폭파기가 달려 있다) 우물을 파는 비용을 거의 3분의 2로 줄일 수 있다는 것이다.

시추 작업을 외부에 맡길 때에는 비용이 많이 들 뿐만 아니라, 북부 지역에서는 그런 장비를 빌릴 수 있는 회사조차 찾을 수가 없어서 어려움이 많았다. 이런 상황을 아신 주님께서 우리에게 시추용 차량을 주셨다! 이번 주에 정부의 고위관리를 만났는데, 정부조차도 카보 델가도에서 우물을 팔 수 있는 회사를 찾을 수 없다고 했다. 우리가 카보 델가도의 소도시인 펨바에 시추장비가 있다고 말하자 그 관리는 매우 놀랐다.

오늘에야 성취되었지만, 내 안에 이 꿈을 품은 지는 꽤 오래 되었다. 나는 아이리스 팀들이 마을들을 방문하여 우물을 파고, 곡식을 심으며, 고아들에게 먹을 것을 주고, 표적과 기사를 통해 복음을 증거하는 하늘의 비전을 품어왔다. 이제 생명의 강이 이곳에 흐를 것이다. 그러면 우리는 5킬로미터마다 진흙으로 교회를 짓고, 그곳에 목회자들을 세울 것이다. 각 마을에서 온 수많은 모잠비크 사람들은 우리가 세운 성경학교에서 훈련을 받아 의지할 곳 없는 고아들을 하늘 아버지의 마음으로 돌볼 것이다. 우물을 파는 것이 이 모든 일들을 가능케 할 것이다. 나는 주님께서 우리를 통해 백만 명의 아이들을 돌보시는 일을 꿈꿔왔다. 하나님의 능력과 공급하심으로 시작된 우물프로젝트는 그 모든 꿈을 현실로 만들 것이다.

이제 일은 시작되었다! 나는 우물 사업과 더불어 물을 얻어가는 주민들로부터 약간의 음식을 받는 것에 대해 4명의 추장들과 의논하였다.

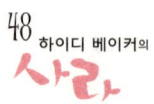

받은 음식으로 마을의 고아들을 먹이는 것이 우리의 계획이었다. 그 말을 들은 추장들은 매우 기뻐하며 동의했다. 지역 교회는 우리 차량에 사랑의 헌물을 실어 주었다. 거기에는 염소, 닭, 땅콩, 옥수수, 토마토, 후추, 고구마, 동전, 채, 달걀, 수제 로프, 사탕수수, 감자 등이 있었다. 기쁜 마음으로 이처럼 풍성한 헌물을 가져온 그들을 보며 나는 감격의 눈물을 흘렸다. 그들은 펨바에 사는 고아들에게 먹을 것을 전해 주고 싶어 했다. 그날은 참으로 아름다웠다.

이 기계를 통해 풍성한 열매를 맺길 기도하고 있다.

사실 이 프로젝트는 오래 전에 시작되었다. 우리는 생명수 되신 주님을 전하며 동시에 우물을 팔 수 있는 시추장비를 달라고 오랫동안 기도해왔다. 그러던 중 2006년 10월 17일에 비서인 샤라와 나는 조찬기도회에 참석하기 위해 콜로라도 주 덴버로 날아갔다. 친한 친구인 피터가 기독교 실업인들이 모이는 소그룹에서 말씀을 전해주길 요청했기 때문이다. 2006년도 달력을 훑어보던 샤라는 1년 중 10월 17일 아침만 비어 있다는 것을 확인했다. 피터는 "완벽한데요. 10월 17일 아침은 우리 멤버들이 모여 기도하기에 딱 좋은 시간입니다"라는 답신을 보냈다. 그렇게 초대된 자리에서 나는 선한 사마리아인과 그 사람을 위해 걸음을 멈추신 예수님에 대한 이야기를 나눴다. 그날 주님께선 실업인 지도자들 가운데 몇 사람에게 우리의 우물프로젝트에 대한 감동을 주셨고, 벧엘교회의 빌 존슨 목사와 그의 가족들도 이 비전에 동참하게 하셨다.

2년 동안 모잠비크 정부와 협상하고, 인도의 우물 전문가를 데려오고, 세금을 내고, 수많은 서류를 준비하였다. 또한 카보 델가도에서 거대한 시추장비를 들어 올릴 사다리차를 찾고, 미국 출신의 우물 시추기술자를 영입하고, 엄청난 영적 전쟁을 통과한 후에야 우리는 공식적으로 우물을 팔 수 있었다. 지금 이 책을 쓰는 동안에도 우리는 계속해서 단단한 바위를 뚫고 있다!

반석이신 예수님이 모잠비크에서 반석 위에 주님의 교회를 세우고

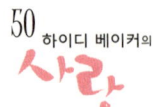

계신다. 주님이 이제껏 행하신 일과 앞으로 행하실 놀라운 일들로 인해 기뻐하라!

> 오호라 너희 모든 목마른 자들아 물로 나아오라 돈 없는 자도 오라 너희는 와서 사 먹되 돈 없이, 값없이 와서 포도주와 젖을 사라 … 너희는 귀를 기울이고 내게로 나아와 들으라 그리하면 너희의 영혼이 살리라 내가 너희를 위하여 영원한 언약을 맺으리니 곧 다윗에게 허락한 확실한 은혜이니라 (사 55:1, 3)

묵상의 시간

내가 주는 물을 마시는 자는 영원히 목마르지 아니하리니 내가 주는 물은 그 속에서 영생하도록 솟아나는 샘물이 되리라 여자가 이르되 주여 그런 물을 내게 주사 목마르지도 않고 또 여기 물 길으러 오지도 않게 하옵소서 (요 4:14-15)

기적은 일상 가운데 일어날 수 있다. 사마리아 여인은 여느 날과 다름없이 물을 긷기 위해 우물로 향했다. 그녀는 소외되고 무시당하고 잊혀진 그런 여인이었다. 그녀는 존경받는 교인도, 사회적으로 성공한 사람도 아니었다. 어쩌면 사람들은 그녀의 이름이 거론될 때마다 침을 뱉었을지도 모른다.

우물가로 걸어오면서 그녀는 자신의 망가진 인생에 대해 곰곰이 생각해보지 않았을까? 어디서부터 인생이 꼬이기 시작했는지 찾아내려 했을지도 모른다. 그녀는 열심히 살아보려고 했지만, 오히려 삶은 점점 더 무너져 내리고 말았다. 그녀에게 남은 것은 모두 금이 가고 말라비틀어졌다. 때로는 혼자서 소리쳐보기도 했다. 목마른 그녀의 삶에는 생수가 절실하게 필요했다.

드디어 그녀가 우물가에 도착했다. 그곳에는 한 남자가 조용히 앉아 있었는데, 그는 이제까지 그녀가 만났던 남자들과는 전혀 달랐다. 그분은 살아계신 하나님의 아들,

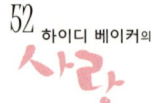

예수님이셨다. 주님은 그녀에게 물을 달라고 청하셨다. 순간 그녀는 부끄러움과 당혹감을 느꼈을 것이다. 예상치 못한 상황에 당황한 그녀는 예수님의 요청에 바로 응하지 못했다.

주님은 그녀의 깨어지고 목마른 영혼을 직시하셨다. 주님은 그녀의 금이 간 모든 삶을 아셨다. 예수님은 그녀를 보시기 위해 걸음을 멈추셨으며, 오직 그녀에게만 관심을 쏟으셨다. 온유하신 주님은 사람들과는 다른 관점에서 그녀를 보시고 이야기를 나누셨다. 예수님은 그녀가 수치심을 뛰어넘기에 충분할 만큼 친절한 목소리로 말씀하셨다. 주님의 목소리는 온통 사랑으로 가득했다. 그녀의 메마른 삶에 이미 생수가 흘러가고 있었다. 그녀의 영혼은 생수 없는 삶에 너무나 익숙했으며, 봄보다는 겨울에 더 친숙했다. 그녀에게는 나눠줄 것이라곤 하나도 없었고 모든 것이 부족하며 아무것도 할 수 없었지만, 주님께 사랑을 받았다. 너무나 울어 눈물도 말라버린 그녀에게 은혜의 생수가 샘솟듯 쏟아져 들어왔고, 그 생수는 오랜 세월 동안 굳어진 더럽고 수치스런 기억들을 씻어주었다. 이제 그녀는 이전과 전혀 달리 깨끗하고 온전케 된 느낌이 들었다.

주님의 사랑을 받은 그녀는 이제 다른 사람이 되었다. 사람들 앞에 나설 용기가 생겼고, 무엇이든 할 준비가 되어 있었다. 그리스도의 사랑의 너비와 길이와 높이와 깊이를 알게 된 그녀가 주님의 능력으로 충만해진 것이다. 또한 삶은 기쁨으로 넘쳐났고, 모든 것이 이전과 완전히 다르게 느껴졌다.

기적은 일상 가운데 일어난다. 예수님께서 우물가에서 만난 사마리아 여인에게 평안과 영생을 주셨던 것처럼, 주님은 지금 당신과 나에게 동일한 것(기쁨이 넘치는 삶)을 주신다. 그것은 우리에게 주시는 주님의 선물로, 우리 또한 그것을 다른 메마른 인생들에게 선물해줄 수 있다.

> 도둑이 오는 것은 도둑질하고 죽이고 멸망시키려는 것뿐이요 내가 온 것은 양으로 생명을 얻게 하고 더 풍성히 얻게 하려는 것이라 (요 10:10)

이것이야말로 지금까지 들어본 소식 중 최고가 아닌가?

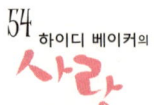

우리는 축복 받은 자

"기꺼이 그리고 간절함으로"

{ Heidi Baker
하이디 베이커 }

　우리는 축복 받은 자이다! 하나님께서 축복해주셔서 우리는 예수님의 사랑으로 더 많은 아이들을 교육시키고, 더 많은 마을들을 찾아가 우물을 팠고, 더 많은 목회자들을 훈련시킬 수 있었다. 이 장에서는 전 세계의 아이리스 지부에서 받은 축복 중 일부를 나누고 싶다. 너무나 많은 일들이 일어나고 있어서 먼저 무엇부터 나누어야 할지 모를 정도다. 우리는 이 간증을 통해 당신 안에 예수님의 사랑이 더욱 풍성해지고, 주님의 임재가 충만하게 부어지길 간절히 사모한다.

　크리스마스를 앞두고 우리는 차를 타고 덜컹거리는 모잠비크의 도로를 달렸다. 엄청나게 큰 구덩이를 지날 때에는 한바탕 먼지가 휘날렸다. 아이들과 함께 트럭에 앉아 찬양하며 기도하는 가운데 기쁨으로 충만했다. 우리는 외딴 마을 사람들에게 예수님의 사랑과 능력을 나누러 가는 중이다.

　마을에 도착해서 우리는 즉석에서 연극을 하고 메시지를 전했다. 얼마 안 되어 사람들이 박수를 치기 시작했고, 예수님을 구세주로 영접했다. 나는 몸이 불편해서 앞으로 나올 수 없는 환자들을 위해 군중 속으

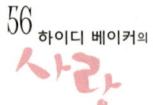

로 들어가서 친구들과 함께 기도해주었다. 첫 번째 시각장애인이 고침을 받자 그들은 더 많은 시각장애인들을 데려오기 시작했다. 그러자 하나님께서는 그들 모두를 고쳐주셨다! 우리는 이런 일을 함에 있어서 결코 지치지 않을 것이다! 이렇듯 생생한 역사의 현장에 있다는 것이 얼마나 큰 특권인가!

얼마 전 영국 아이리스 본부로부터 컨테이너 하나가 도착했다. 컨테이너를 열자 거기에는 펨바의 기쁨의 마을에 사는 우리 아이들에게 줄 멋진 크리스마스 선물이 들어 있었다. 선물을 전해 받은 아이들의 얼굴은 놀라움과 기쁨으로 가득했다. 그들의 부모와 선교사들도 기쁨으로 이 광경을 지켜보았다. 우리의 새로운 자녀들도 처음으로 크리스마스 선물을 받았다. 이 귀한 선물로 인해 우리는 즐거운 시간을 보냈다.

하비스트성경대학과 선교학교 졸업식은 또 하나의 큰 기쁨이었다. 그리고 그날 롤랜드가 명예박사학위를 받았는데, 그 모습을 보며 나는 감격의 눈물을 흘렸다. 롤랜드 아빠(Papa)가 이처럼 값진 인정을 받는 순간, 모든 학생들과 아이들이 열렬히 환호했다.

펨바 본부에서 섬기는 돈 칸텔 박사는 "더 낮은 곳으로 가라!"는 명령으로 설교를 마쳤다. 모잠비크 전역과 20여 개국에서 온 학생들은 자신의 삶을 제단 위에 내려놓았고, 땅 끝까지 가서 하나님의 영광을 전하라는 임명을 받았다. 예수님을 사랑하는 자로서 그들은 자신들의 삶을 온전히 드렸다.

차드 데드몬, 샨 볼츠와 함께 인도양에서 세례를 주다.

한편 우리는 터키석처럼 푸른 인도양에서 마쿠아와 마콘디 지방의 회심자들에게 강력한 성령세례를 베풀었다. 그들은 기꺼이 옛 삶에 대해 죽고 새로운 삶을 살고자 갈망했다. 그렇게 그들은 세례를 받음으로 주 예수님을 따르는 삶을 시작하였다.

도전적인 한 해를 보내면서 우리는 수많은 기쁜 일들과 더불어 약간의 고통스러운 시간을 보내기도 했다. 그러나 주님이 주신 목표를 향해 우리는 계속 전진한다. 왜냐하면 우리의 생명보다 예수님을 더 사랑하기 때문이다.

기쁜 소식들

이제 여러 아이리스 본부 가운데 주님께서 행하고 계신 일들을 담당자들의 목소리를 빌려 전하고자 한다.

펨바 본부: 돈 칸텔

1년 내내 펨바 본부의 관심은 추수(자연적·영적)에 쏠려 있다. 그리고 미에제 마을 전체와 그곳에 거주하는 아이들을 위한 사역은 계속해서 복의 통로가 되고 있다. 또한 '사랑의 마을'에 사는 40명의 아이들은 농사프로젝트를 통해 인내와 수고의 열매를 맛보고 있다. 그들은 현재

400마리의 닭을 키우고 있는데, 그 닭들은 바로 식탁에 올려도 손색없을 만큼 잘 자랐다. 추수를 간절히 기다리는 어린 농부들에게 닭 요리가 있는 식탁은 그들이 상상할 수 있는 최고의 보상이다.

또한 그들은 80마리의 암탉을 키우고 있다. 이 닭들은 6개월 전에 부화되자마자 이곳으로 왔다. 미래를 계획하고 이를 실행하는 것이 익숙하지 않은 이곳에서 6개월은 마치 영원과도 같은 시간이다. 그런데 드디어 2주 전에 닭들이 첫 알을 낳았다. 흥분한 아이들은 자랑하고 싶어 견디지 못했다. 그리고 얼마 지나지 않아 수백 개의 알을 거두게 되자 아이들은 몹시 흥분했다. 아이들은 삶은 달걀을 너무 좋아했고, 점차 더 다양한 계란 요리법도 알게 되었다. 모잠비크 시골에서 계란으로 만든 음식은 접하기 힘든 고급음식이다. 아이들과 직원들은 모두 풍성한 추수를 통해 경험하는 하나님의 축복에 대해 무척이나 감사하고 있다.

40에이커 정도 되는 미에제 마을의 농장에는 탐스러운 열매를 맺는 50그루의 커다란 망고나무가 있다. 지난 3개월간 우리는 계속해서 망고를 추수하였다. 이 망고농장은 캐나다의 온타리오에 있는 한 교회의 특별헌금으로 구입한 곳이다. 그래서 우리는 이곳의 수확물을 파는 대신 선물로 나누어주고 있다. 현재 우리는 펨바 본부와 100여 명의 미에제 마을 아이들에게 망고를 공급하고 있다.

우리는 또한 농지를 0.5에이커씩 분할하여 교회 성도들이 작물을 키워 먹고 팔 수 있도록 했다. 그들이 추수한 것 중 일부는 다시 교회에 기

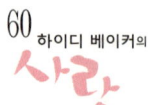

부되어 가난한 자들과 어린이마을에 전달된다. 이와 같이 '교회를 통한 협력사업'은 농업 분야에서 매우 흥미로운 실험이 될 것이다. 우리는 앞으로 몇 달 동안 계속해서 다양하고 풍성한 추수가 이어질 것을 기대한다!

한편 축하할 만한 영적인 추수도 있다. 아이리스 펨바 본부 주변에는 거의 5만여 명의 가난한 주민들이 살고 있다. 그들 대부분은 이교도인이다. 지난 수년간 우리는 이곳 주민들, 특별히 아이들에게 하나님의 사랑을 구체적으로 표현하면서 효과적으로 다가갈 수 있는 방법을 개발하기 위해 노력했다. 그동안 다양한 종류의 식량 프로그램을 개발하긴 했지만, 이것들을 기독교적인 정신과 접목시키기가 쉽지 않았다.

그러한 고민 끝에 탄생한 기독교초등학교는 첫 번째 성공사례가 되었다. 지난해에만 아이리스 본부에 거주하는 130명의 아이들 이외에 약 580명의 마을 아이들이 이 학교에 다녔다. 우리는 학생이 너무 많아 일부 아이들을 돌려보내야만 했다. 그래서 1월에 시작되는 새 학기에는 교실을 더 지어 3개 학급을 늘리기로 했다.

지난 몇 개월 동안 우리는 성경 공부, 이야기, 게임으로 이뤄진 프로그램을 매일 진행하였다. 펨바 본부에서는 아이들을 위해 따뜻한 음식을 제공하였다. 이 프로그램은 많은 에너지를 필요로 하기에 많은 직원과 봉사자들이 매일 1시간 반씩 협력하고 있다. 지금은 매일 거의 600명의 아이들이 우리와 함께하고 있다! 많은 아이들이 이미 주님을 영접했고, 기도 중에 예수님의 환상을 보기도 한다. 감사한 것은 시간이 갈수록 점점 더 많은 아이들이 교회에서 정기적으로 예배를 드린다는 것이다. 그래서 우리는 아이들을 위한 별도의 시간을 갖기 시작했다. 그리고 800명 이상의 아이들에게 음식을 나눠주고 있으며, 나아가 주일마다 예배 후에 수백 명의 어른들에게도 식사를 제공한다.

우리는 어린이 프로그램을 추가로 운영하기 위해 미에제 출신의 지도자들을 훈련시켰다. 새로 시작된 이 프로그램에 현재 300명이 넘는 어린이들이 열정적으로 참석하고 있다. 첫째 주에 150명의 아이들이 올 것을 예상하여 쌀과 콩을 준비했지만, 300명이 넘는 아이들이 부족함 없이 먹었다. 하나님은 이 소중한 미에제 아이들을 위해 일하길 기뻐하셨다.

우리는 미에제 마을을 모델로 한 새로운 프로젝트를 시작하기 위해 이보 지역에 약간의 땅을 구매할 예정이다. 여러 가지 이유에서 이 작업은 또 하나의 새로운 도전이 될 것이며, 많은 기도와 지원을 필요로 할 것이다.

짐보 본부: 스티브와 로스 라자

모든 것이 성장하고 있다! 우리가 운영하는 유아원은 이미 정원을 초과했다. 그래서 우리는 6개월 미만의 영아 8명을 위한 탁아소를 새로 건립했다. 그리고 마라쿠에네 지역에서 실시하고 있는 청소년 프로젝트도 계속 확장 중에 있다. 현재 10채의 집에 23명의 청소년들이 살고 있으며, 교회도 부흥하고 있다. 얼마 전에는 아일랜드의 구호단체인 '사마리

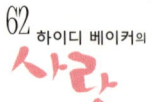

아인의 지갑'(Samaritan's Purse Ireland)의 지원으로 목공소를 건립하였는데, 이곳에서 몇몇 청소년들이 목공기술 훈련을 받고 취업을 준비하고 있다.

최근에는 캐나다 아이리스와 '희망의 집'(Homes of Hope)과 협력하여 본부 바로 위에 과부들을 위한 집을 지었다. 이 집에서 8명의 나이 많은 여성들이 거주하며 작은 농장과 양계장을 운영할 것이다.

또한 미국대사관과 '사마리아인의 발'(Samaritan's Feet)과 협력하여 형편이 어려운 사람들이 많은 8개의 마을에 2천 켤레가 넘는 신발을 제공했다. 그 마을의 모든 사람들은 신발과 더불어 세족식과 의료 지원, 기도와 격려를 선물로 받았다!

끝으로 하나님께서 가족재결합 프로그램을 축복하셔서 지난주에 약 20명의 어린이들이 가족과 상봉했다는 기쁜 소식을 전하고 싶다. 날마다 새로운 도전은 계속해서 찾아오지만, 하나님은 모든 일에 그분의 신실함과 풍성함을 보이신다.

리칭가 본부: 윌콕스 가정

모잠비크의 외진 곳 작은 마을에 사는 우리는 수많은 기도의 응답을 목도했다. 지역주민들은 대부분 니아사 행정구가 '잊혀진 곳'이라고 생각한다. 전쟁 통에 이곳은 모잠비크의 '시베리아'가 되어 하층민과 불구자, 실업자와 창녀들이 모여들었다.

그러나 예수님은 천한 것을 취하셔서 아름다운 것으로 변화시키심으로써 말씀을 성취하신다.

> 만군의 여호와가 이르노라 해 뜨는 곳에서부터 해 지는 곳까지의 이방 민족 중에서 내 이름이 크게 될 것이라 각처에서 내 이름을 위하여 분향하며 깨끗한 제물을 드리리니 이는 내 이름이 이방 민족 중에서 크게 될 것임이니라 (말 1:11)

하나님은 우리에게 2명의 귀한 형제를 보내주셨다. 그들은 바로 빅토와 아놀드이다. 이들은 계속해서 여러 지역과 마을을 방문하고 있다. 그들은 현장에서 경험한 살아 역사하시는 능력의 예수님에 대한 이야기를 우리에게 들려주었다.

빅토와 아놀드는 심하게 정신병을 앓고 있는 사람과 그의 가족에게 사역했다. 그 가족은 그들의 조카를 어떻게 해야 할지 몰랐다. 그가 막무가내로 사람들을 때렸기 때문에 가족들은 그를 묶어서 작고 어두운 방에 가뒀다. 그들은 지푸라기라도 잡는 심정으로 무당을 불러 흔히 사용하는 민간요법까지 써보았다.

"그런데 이 모든 것이 소용이 없었습니다. 조카의 상태는 점점 악화될 뿐이에요!"라고 그의 삼촌이 빅토와 아놀드에게 설명했다.

빅토는 그들에게 곧바로 진리를 전했다. "무당 안에 있는 악한 영들이 조카의 상태를 악화시키고 있습니다. 어둠은 어둠을 결코 쫓아낼 수

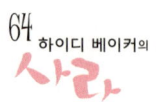

리칭가의 선교사와 목회자와 학생들

리칭가 시내에 있는 교회에서 열린 집회 광경

Chapter 4 우리는 축복 받은 자

없습니다. 오직 빛만이 어둠을 쫓아낼 수 있습니다."

하나님과 무당 사이에 하나만 믿어야 한다는 도전에 직면한 그 가족은 두려움에 사로잡혀 무당이 치료를 위해 조카의 목에 걸어놓은 목걸이를 제거할 수 없다고 말했다. "안 됩니다. 만일 우리가 저 목걸이를 태운다면, 그의 정신병이 우리에게 옮겨올 수 있습니다. 무당을 불러서 그가 제거하도록 하는 것이 좋겠습니다."

그러자 아놀드와 빅토가 말했다. "우리는 우리가 믿는 하나님께서 이 정신병이 우리에게 임하는 것을 결코 허락하지 않으실 거라 믿습니다. 능력의 하나님이 우리를 보호하십니다. 여러분이 괜찮으시다면, 우리가 그 목걸이를 빼서 태우겠습니다."

그들은 자신들과 같은 아프리카인인 이 하나님의 사람들이 예수 그리스도의 권세로 일하는 모습을 보기로 동의했다. 빅토와 아놀드는 이 사람들이 두려워하는 악한 영들이 자신들에게 아무런 힘도 행사할 수 없다고 확신했다.

"그리고 그들 역시 우리에게 전혀 이상이 없다는 것을 알게 되었습니다!" 아놀드가 승리에 찬 목소리로 외쳤다. "우리는 조카를 위해 기도했고, 가족들에게 그가 괜찮아질 것이라고 말했습니다. 그날 이후로 주님은 이 젊은이의 삶에 놀라운 역사를 행하시기 시작하셨습니다. 그의 가족들 모두가 하나님의 역사를 목도하였습니다. 그 조카는 이전에 겪었던 신체적·감정적 질병으로부터 온전히 회복되고 있습니다."

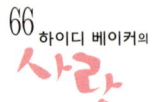

1주일 후 우리가 이 조카를 방문했을 때, 그의 정신 상태가 온전한 것을 보고 전율하지 않을 수 없었다. 더이상 그를 묶을 필요가 없었다.

우리는 그에게 이렇게 도전했다. "이제 당신은 일어나야만 합니다. 당신은 마음과 생각으로 승리하기로 결심해야 합니다. 왜냐하면 주님께서 당신을 너무나 사랑하시고, 당신의 삶에 대해 놀라운 계획을 가지고 계시기 때문입니다. 아시겠습니까?"

그는 고개를 끄덕이며 "알겠습니다"라고 대답했다.

우리는 주님의 놀라운 능력과 자유케 하시는 사랑으로 인해 그분을 찬양한다. 이처럼 기적적으로 역사하시는 하나님의 손길을 본 후, 우리

니아사 행정구 리칭가에 위치한 센터의 기숙사 건설 현장

는 그와 그의 가족이 자유를 주신 예수님께 그들의 마음을 드리도록 계속해서 기도하고 있다. 그리고 주님의 은혜로 이웃 사람들의 두려움까지 다 사라졌다는 말을 듣고 싶다.

치모이오 본부: 제니퍼 웨닝캠프

치모이오는 얼마나 큰 축복을 받았는가! 어제 저녁 8시부터 하늘은 비구름으로 가득하다. 우리는 오랫동안 비를 갈망해왔다. 할렐루야! 주님께서는 모잠비크 친구들이 아프리카의 뜨거운 열기에 말라가는 곡식을 위해 드린 간절한 기도를 들으셨다. 지금 우리는 기쁨과 축복을 함께 나눈다. 하나님은 우리의 기도에 응답하셨다. 우리는 전 세계의 기도하는 모든 형제들과 한 몸이 되었다!

마다가스카르 아이리스 본부: 캐롤린 토마스

지난해 말, 하나님은 나를 아이리스의 선교학교로 인도하셨다. 나는 이곳에서 정말 많은 것을 배웠고, 아이들과 함께 시간을 보내는 것도 참 좋았다. 지난 2주 동안 하나님은 나의 미래에 대해 말씀하셨다. 하이디는 우리에게 예수님을 위해 목숨을 버릴 준비가 되어 있는지, 그리고 선교에 대한 주님의 부르심에 응답할 마음이 있는지 물었다. 그리고 그녀는 하나님의 계획을 보여주시길 간구하라고 도전했다. 그래서 그것을 두

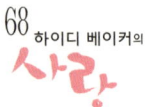

고 기도하기 시작했을 때, 나는 환상 가운데 어둠 속에서 넝마를 걸친 채 버려진 아기들이 한가득 누워 있는 방을 보았다. 침묵 속에서 그들은 싸늘하게 식어갔다. 나는 울며 하나님께 그 아기들을 살려 달라고 간구했다. 그러나 하나씩 둘씩 아기들이 죽기 시작했다. 그리고 마침내 모든 아기들이 죽었다. 그 다음 주님께서는 쓰레기통에 버려진 아기에 대한 환상을 더 보여주셨다. 그 아기는 어두운 밤에 버려졌다. 나는 울면서 하나님께 간청했다. "하나님, 제가 그들에게 갈 수 있나요? 그들이 살아나서 자신들이 사랑받는 존재라는 것을 알 수 있을까요?"

눈을 떴을 때, 아이리스 소속의 한 어린 소녀가 눈물로 범벅이 된 채 울고 있는 내 앞에 서 있었다. 겨우 9살이었던 그 아이는 나를 잡고 놓지 않았다. 나는 하나님께서 표적으로 그 아이를 보내셨다는 속삭임을 들었다. 나는 그 아기들이 살아나서 사랑이 무언지 알게 하기 위해 그들을 붙잡기로 결심했다. 그 아이가 나를 붙잡은 것처럼, 나는 그 아기들을 붙잡을 것이다.

다음날 하이디의 수업이 끝날 무렵, 그녀는 우리에게 하나님의 부르심에 대한 확실한 비전을 보았는지 물었다. 그리고 그녀는 자신이 섬길 나라와 도시가 어디인지 알기 원하는 사람은 앞으로 나오라고 했다. 나는 쏜살같이 맨 앞으로 나갔다! 나는 그 아기들이 어디에 있는지 하나님께 물었다. 그러자 주님께서 '마다가스카르'라고 말씀하셨다. 나는 그 말을 믿을 수가 없었다. 왜냐하면 마다가스카르는 내가 좋아하는 나라이고, 이전에 6개월간 조산원으로 지내본 경험이 있기 때문이다.

하나님께서 나에게 그곳에 새로운 아이리스 본부를 세우라고 말씀하시는 것 같았다. 아이리스의 DNA는 버려진 아이들을 구하고, 그런 아이들의 삶을 회복시키는 것이기 때문이다. 나는 이에 대해 하이디와 대화를 나눴고, 그녀는 오랫동안 마다가스카르로 보낼 사람을 위해 기도해왔었다고 말했다. 그녀와 아이리스의 장기사역자들과 이야기를 나눈 후, 우리는 영아원을 세워 마다가스카르의 아이리스 본부를 시작하기로 결정했다.

나는 훈련을 마치고 귀국하는 도중 마다가스카르행 비행기 표를 예약하여 그곳에 있는 친구들을 찾아가 버려진 아기들에 대한 정보를 최대한 수집했다. 그들은 수도인 안타나나리보에서 많은 아기들이 버려지고 있으며, 쓰레기통에 버려진 아기들이 죽었다는 이야기를 여러 번 들었다고 했다. 고아원이 만원이라서 영아원을 세우는 것이 가장 시급했다.

나는 지금 마다가스카르에서 아이리스 본부 소속의 영아원을 짓고 있다. 이 영아원은 하나님의 집이며, 이곳에서 주님은 그분의 소중한 아기들을 회복시키셔서 그들이 사랑받는 존재임을 알게 하실 것이다. 또한 아이리스를 정식으로 등록하기 위해 서류를 준비하고 있으며, 자금 지원과 팀 구성을 위해 기도하고 있다. 이 팀에는 특별한 사역과 흥분되는

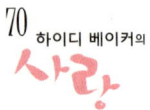

역사를 위해 하나님께서 택정하신 자들이 모일 것이다.

시에라리온 아이리스 본부/국제무경계선교회: 앤드류 시세이

처음 비치로드교회(the Beach Road Church)를 시작했을 때, 성령에 대해 가르치라는 마음의 감동을 받았다. 이에 순종하여 병자의 치유를 위해 기도하는 법을 가르치자 사람들이 순순히 믿었다. 생긴 지 얼마 안 된 교회이지만, 우리는 하나님께서 사람들을 어떻게 고치셨는지에 대해 많은 간증을 나누고 있다.

우리 교회의 성도인 임마누엘은 한 젊은 이교도 여인이 만성두통으로 고생하는 것을 보았다. 그 모습을 보고 그는 자신이 그녀를 위해 기도할 수 있는지 물었다. 그녀가 순순히 응하여 그가 그녀의 머리에 손을 얹고 기도하였다. 기도하는 중에 그의 손에서 진동을 느꼈지만, 특별한 일이 일어나지는 않았다. 기도를 마친 후 그는 집으로 돌아갔고, 몇 주 후에 그 여인을 다시 만났다.

그녀는 그날 기도를 받은 후에 어지러워 잠을 자러 갔다고 했다. 그리고 꿈을 꿨는데, 꿈에서 긴 옷을 입은 남자가 나타나 그녀의 머리를 수술하여 뭔가를 제거했다고 했다. 그 뒤로 두통이 사라졌고, 그녀는 완전히 나음을 받았다!

수단 아이리스 본부: 미셸 페리

우리는 성장했다! 예이의 어린이마을에 거주하는 아이들은 63명에서 84명으로 늘었다. 또한 우리는 케냐 국경 근방에 두 번째 센터를 세워 약 10명의 아이를 추가로 받았다.

고아들을 돌보기 위해 우리는 대가족구조로 운영되는 '인커뮤니티 케어'(InCommunity Care)라는 프로그램을 시작했다. 이 프로그램은 교육과 음식을 제공하며 전인적으로 아이들을 돌보는 것으로, 현재 약 40명의 아이들이 돌봄을 받고 있다.

우리는 '소망의 벽돌'(Bricks of Hope)의 도움으로 초기에 땅을 구입하고 개발하는 데 필요한 비용의 60퍼센트를 지원받았다. 우리는 여러 교회를 개척했고, 아이리스 수단부흥연합이란 단체를 만들었다. 이 모임을 통해 우리는 지도자들을 양성하고, 하나님의 계획이 성취되도록 마음과 뜻을 합하여 함께 중보하고 있다.

우리의 장기선교팀도 나날이 성장하고 있다. 최근에는 인사관리팀을 섬길 제니 조이가 합류하여 큰 힘과 도움이 되고 있다.

묵상의 시간

새 계명을 너희에게 주노니 서로 사랑하라 내가 너희를 사랑한 것 같이 너희도 서로 사랑하라 너희가 서로 사랑하면 이로써 모든 사람이 너희가 내 제자인 줄 알리라 (요 13:34-35)

    복음은 복잡하지 않다. 복음은 매우 단순하다. 예수님은 우리에게 필요한 모든 것을 주셨다. 그것은 너무나 단순해서 3살짜리 아이도 알 수 있다. 복음은 하나님을 사랑하고 당신 앞에 있는 자를 사랑하는 것이다. 복음은 건물을 채우거나 브랜드(brand)를 키우거나 이런 유(類)의 일을 행하는 것이 아니다. 복음은 하나님을 사랑하고 당신 앞에 있는 사람을 사랑하는 것이다.

    나는 교회의 성장, 오병이어와 같은 기적, 시각장애인이 눈을 뜨고 청각장애인의 귀가 열리는 것과 같은 놀라운 기적들을 이야기할 수 있다. 그러나 이 모든 역사는 한 사람, 한 어린 아이에서 시작되었다. 예수님처럼 그것은 한 사람을 위해 걸음을 멈춰서면서 시작된다. 하나님의 일은 우리 자신이나 교회가 아니라, 주님을 바라보는 것으로부터 시작된다는 것이다. 주님은 우리에게 열정과 긍휼함을 가지고 어떻게 사랑해야 하는지를 보여주셨다. 주님의 마음을 알면, 어느 누구도 거절할 수가 없다. 어떤 일도 사람의 인정을 받기 위해 하지 말라. 대신 겸손함으로 다른 사람들을 자기보다 낫게 여기면, 당신은 왜 사랑의 주님께서 나중 된 자가 먼저 되고 먼저 된 자가 나중 되기 원하시는지를 알게 될 것이다.

종종 집회에서 우리는 사람들이 뭔가를 원할 경우 일어서라고 말한다. 그러나 만일 그들이 주의 사랑의 사도가 되길 구한다면, 분명 그들은 서 있지 않고 엎드릴 것이다! 사역이란 바로 이런 것이다. 즉 우리 각 사람은 자신의 유익을 구하는 것이 아니라 오히려 다른 이들의 유익을 구해야 한다. 그것이 사도적인 사랑이며, 그것은 자신보다 다른 사람들을 더 사랑하는 것이다.

우리는 우리 자신만큼 이웃을 사랑하도록 부름을 받았다. 이 말씀은 우리가 우리 자신을 미워해서는 안 된다는 것을 의미한다. 우리는 하나님께서 각 사람을 얼마나 사랑하시는지를 이해할 필요가 있다. 하나님은 당신의 있는 모습 그대로를 사랑하신다. 주님은 현재 당신의 모습과 당신이 지닌 가능성 모두를 사랑하신다. 주님은 우리가 어리석을 때도 사랑하시고, 넘어질 때도 사랑하신다. 주님은 언제나 우리를 일으켜 세우시고 먼지를 털어주실 것이다. 그리고 주님은 우리의 마음을 보신다.

이에 의인들이 대답하여 이르되 주여 우리가 어느 때에 주께서 주리신 것을 보고 음식을 대접하였으며 목마르신 것을 보고 마시게 하였나이까 어느 때에 나그네 되신 것을 보고 영접하였으며 헐벗으신 것을 보고 옷 입혔나이까 어느 때에 병드신 것이나 옥에 갇히신 것을 보고 가서 뵈었나이까 하리니 임금이 대답하여 이르시되 내가 진실로 너희에

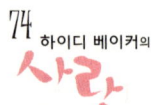

게 이르노니 너희가 여기 내 형제 중에 지극히 작은 자 하나에게 한 것이 곧 내게 한 것이니라 하시고 (마 25:37-40)

오늘 나는 이렇게 기도한다. "하나님, 우리의 눈을 열어 우리 앞에 있는 사람들과 어린이들을 향한 당신의 긍휼과 사랑을 보게 하소서. 쫓겨나고 침 뱉음을 당하고 마음이 깨어지고 인생이 엉망이 된 외로운 그 한 사람을 향해, 겉으로는 부요하나 속으로는 굶주린 영혼을 향해, 언제 다시 먹을 수 있을지 모르는 어린 소년을 향해, 넝마처럼 헤어진 옷을 입은 소녀를 향해 주의 긍휼을 품게 하소서. 주여, 우리가 거리에서 그리고 더러운 곳에서 기꺼이 복음을 전할 수 있도록 도우소서."

예수님은 당신과 내가 제일 먼저 주님을 온전히 사랑하길 원하시며, 그런 다음에 다른 사람을 사랑하길 원하신다. 이것이 복음이다. 이것이 우리가 치러야 할 대가이며, 우리가 있어야 할 자리이고 목적이다. 사랑하는 자여, 진정한 생명과 기쁨은 바로 이곳에서 발견된다!

Learning to Love

Part 2
기쁨과 고난의 잔

멈출 수 없는 사랑

"길이 없는 곳에서 주님은 길을 만드신다."

{ Rolland Baker }
롤랜드 베이커

우리는 이제 막 모잠비크 북부 해안 마을에서 사역하고 돌아왔다. 첫날, 듣지도 말하지도 못하는 남자가 기적적으로 치유를 받았다. 언제나 그렇듯이 이런 일은 참으로 놀라운 경험이다. 마을 사람 모두가 이 남자를 알고 있었기 때문에, 치유가 일어나자마자 흥분과 환호가 널리 퍼져갔다. 이제 마을 사람 전체가 예수님을 따르고 싶어 한다!

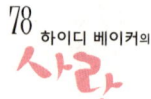

우리는 마을에서 잠을 자고, 다음날 새벽 4시 30분에 일정을 시작했다. 그날 진흙으로 지은 교회에서 아름다운 결혼식이 있었다. 교회의 모든 가족과 그 지역의 모든 어린이들이 큰 소리로 노래하고 춤추며 두 연인의 연합을 축하해주었다. 결혼식이 끝난 후, 우리는 가정들을 방문하여 병자를 위해 기도해주었다. 그 가운데 하나님께서 계속해서 영광스러운 기적들을 행하셨다. 영적으로 주린 자들을 보며 우리는 육신의 배고픔도 잊은 채 사역에 몰두했다. 우리는 마을 주민들과 함께 점심을 먹고, 태양전지가 장착된 오디오 성경과 축구공을 선물한 뒤 다른 마을로 향했다.

다음 행선지는 몇 년 전에 개척한 교회가 있는 마을이었다. 의욕이 넘치는 그곳의 젊은 목사는 아이리스에서 두 학기 동안 훈련을 받아 현재 사역을 아주 잘하고 있다. 우리는 예수님의 무한한 사랑을 모든 마을과 부족들에게 전할 때까지 이 걸음을 멈추지 않을 것이다. 주님의 사랑이 우리를 강권하시기 때문이다.

이제 나눌 이야기는 나에게 매우 특별한 간증이다. 그것은 우리가

전도하는 데 큰 도움이 되고 있는 배에 대한 이야기이다. 그리고 그것은 포기하지 않는 사랑에 대한 이야기이기도 하다.

어느 날, 롤랜드와 나는 작은 비행기를 타고 모잠비크의 상공을 날았다. 발아래 펼쳐진 풍경을 내려다보던 나는 그곳에 길이 전혀 없다는 사실을 깨달았다. 나는 롤랜드에게 최대한 저공비행을 해달라고 요청했다. 그러자 아래로 마을들이 연이어 지나갔다. 마을들을 보며 나는 흐느껴 울기 시작했다! 왜냐하면 내가 그곳에 있는 사람들에게 갈 수 있는 길이 안 보였기 때문이다. 순간 그들을 향한 하나님의 간절한 마음이 느껴져 흐느껴 울었다. 나는 그곳에 사는 사람들에게 예수님을 알 수 있는 기회조차도 주어지지 않았다는 사실이 너무나 안타까웠다. 그래서 나는 그들이 복음을 들을 기회를 얻도록 내가 할 수 있는 모든 것을 해야겠다고 생각했다. 나는 울면서 하나님께 내가 무엇을 해야 하는지 여쭤보았다. 그러자 주님께서는 "배를 구하라"고 말씀하셨다. 그래서 우리는 기도를 시작했고, 어떤 방법으로든 배를 주실 것이라고 믿었다.

그 뒤로 2년 동안 펨바에서 배를 구하는 것이 얼마나 불가능한 일인지에 대해 계속해서 들었다. 사실 많은 이들이 큰 과업을 위해 하나님의 부르심을 받지만, 그 일을 왜 성취할 수 없는지 그 이유에 대해 장황하게 이야기하는 경우가 많다. 그들은 왜 자신들이 할 수 없다고 생각하는지, 왜 그것이 불가능한지를 설명하기 위해 수많은 책들을 인용하기도 한다. 나도 그러한 종류의 책들을 읽은 적이 있다! 그러나 '성경'은 우리

가 할 수 있다고 말한다! 나는 나의 하나님을 안다. 만일 하나님께서 "가서 배를 구하라"고 말씀하시면, 그것은 우리가 배를 구해야 하고 실제로 구할 수 있다는 뜻이다.

마침내 우리는 배를 구했다! 그런데 정부 관료들은 배의 가격에 70퍼센트에 해당하는 수입관세를 내지 않으면, 그 나라에 배를 들여올 수 없다고 말했다. 하나님이 원하시는 일이었기 때문에 나는 "여기 돈이 있으니 배를 들여오게 해주십시오!"라고 말했다. 어느 누구도 나의 길을 막을 수 없다! 사실 나는 마귀에게 화가 났었다. 어떻게 그가 감히 우리를 막을 생각을 할 수 있단 말인가? 그러나 사랑에 빠지면 아무도 당신을 막을 수 없다.

마침내 배가 이곳에 도착하기까지 정확히 2년 하고도 열흘이 걸렸다. 그런데 거친 육로로 이송하는 도중 선체의 앞부분이 손상되어 엔진 2개에 금이 갔다. 한 번은 이 배를 기부한 사람들이 우리를 방문했는데, 수리를 기다리는 배가 그 도시의 큰 부자인 불신자의 집 뒷마당에서 먼지를 뒤집어쓰고 있었다. 그들의 기부는 좋은 열매를 맺지 못한 것처럼 보였다. 나는 속으로 '하나님, 이것은 제가 계획한 일이 아닙니다'라고 호소했다.

때로 일이 이렇게 될 때가 있다. 당신의 비전이 하나님을 알지도 못하는 누군가의 집에 묶여 있는 것처럼 보인다. 당신의 비전에 먼지가 수북하게 쌓여 있고, 연료도 없는 것처럼 보인다. 그러나 하나님께서는 "내가 말한 것을 믿으라! 그리고 멈추지 말라!"고 말씀하신다. 사랑은 끈질

기다. 믿음도 끈질기다. 엔진이 고장나고, 70퍼센트의 관세를 물어야 한다 해도 사랑은 포기하지 않는다. 당신에게 약속하신 지점에 이르지 못했다면, 멈추지 말라! 목적지에 이르지 못한 채, 주님의 영광에 이르지 못한 채로 멈추지 말라.

나는 배를 고칠 사람을 계속해서 찾아야 했다. 그런데 그 와중에 내가 가장 사랑하는 사람들조차도 이 일이 불가능하다는 말을 거듭 반복해서 했다. 그러나 마침내 나는 배를 고칠 수 있다고 하는 필리핀 사람 한 명을 찾아냈다. 하지만 부품을 구하는 데만 또 1년이 걸렸다. 그 다음에는 선체가 너무 커서 마을에 접근할 수가 없다는 말을 들었다. 그 지역의 해변들이 대부분 수심이 매우 얕았기 때문이었다. 그래서 나는 얕은 해변에 접근할 수 있는 작은 배 딘지(dingy)를 구하기로 했다. 그러나 이번에도 사람들이 그것을 구할 수 없다고 말했다. 어찌된 일인지 모잠비크에서는 딘지를 구할 수가 없었다. 그러나 나는 어딘가에 딘지가 분명히 있을 것이라는 확신이 들었다. 그때 누군가가 "이제 그만 하시지요!"라고 말했다.

나는 멈출 수가 없다! 모든 사람이 복음을 알아야만 한다! 모든 족속과 나라, 모든 언어가 복음을 알아야만 한다! 나는 잃어버린 자를 향한 주님의 마음을 소유했다. 나는 내가 온전히 사랑하는 주님의 소유이다.

또다시 몇 개월이 지난 후에 마침내 우리는 딘지를 찾아냈다. 드디어 배를 타고 전도를 나가는 날이 되었다. 첫 번째 엔진은 고장났지만, 감사하게도 두 번째 엔진이 가동됐다!

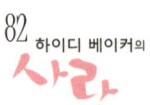

물론 엔진이 2개면 더 좋겠지만, 하나는 가동되기에 나는 선장에게 계속해서 달리라고 했다. 우리는 먼저 배를 타고 이동했고, 배가 접근할 수 없는 곳부터는 딩지로 갈아타고 드디어 첫 번째 마을에 도착했다. 우리를 본 마을 사람들이 모두 달려 나왔다. 나는 그들에게 기쁜 소식을 가지고 왔다고 말했다.

나는 마쿠아 부족어 중 내가 아는 모든 단어를 총동원하여 복음을 전했다. 그들은 이전에 예수님의 이름을 한 번도 들어본 적이 없었다. 우리는 나무막대 몇 개와 찢어진 비닐이 전부인 조그마한 목공소에 자리를 잡았다. 몇몇 마을 사람들이 가구를 만드는 동안 우리는 예수님에 대해 이야기했다. 그러자 많은 사람들이 몰려들었다. 나는 복음을 전하고

태양전지 오디오 신약성경을 나눠주는 하이디

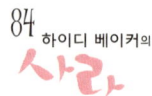

찬양을 했다. 그리고 그들에게 마쿠아어로 된 소형 태양전지 오디오 신약성경을 주며 예수님을 영접하고 싶은 사람이 있는지 묻자 그들 모두가 영접하겠다고 대답했다!

만일 우리가 중도에 멈췄다면 어떻게 되었을까? 만일 우리가 포기했다면 어떻게 되었을까? 무슨 일이 있어도 약속이 성취되는 것을 보기 전에 결코 포기하지 말라. 당신의 목적지에 이르기 전에 멈추지 말라. 주님의 영광에 이르기 전에 멈추지 말라.

몇 달 후에 우리는 다시 이 작은 마을로 갔다. 딘지에서 내리기도 전에 거의 온 마을 사람들이 다 내게로 달려왔다. 그들은 찬양을 부르며 오디오 성경에서 들은 말씀들을 암송했다. 이 얼마나 기쁜 일인가! 하나님께서는 외부세계에서 완전히 잊혀진 이 마을 사람들에게 자신을 알리셨다. 우리는 지금 이곳에 교회와 학교를 짓고 있는 중이다. 이 마을 사람들은 교회와 학교를 난생 처음 본다.

그리스도 예수의 복음을 나누는 것은 얼마나 큰 특권인가! "오! 감사합니다, 예수님! 우리를 통해 이 사람들을 당신의 임재 안으로 인도하심을 감사합니다. 우리의 작은 생명을 당신께 드립니다." 예수님이 없으면 우리는 그저 말라비틀어진 가지에 불과하다. 그러나 주님은 우리를 부르셔서 열매를 맺게 하시고, 친밀한 관계를 갖게 하시며, 두려움이 없는 끈질긴 사랑을 하게 하신다. 어떤 대가를 치르더라도 우리는 이 모든 것을 기쁨으로 여긴다!

묵상의 시간

나는 이제 너희를 위하여 받는 괴로움을 기뻐하고 그리스도의 남은 고난을 그의 몸 된 교회를 위하여 내 육체에 채우노라 내가 교회의 일꾼 된 것은 하나님이 너희를 위하여 내게 주신 직분을 따라 하나님의 말씀을 이루려 함이니라 이 비밀은 만세와 만대로부터 감추어졌던 것인데 이제는 그의 성도들에게 나타났고 하나님이 그들로 하여금 이 비밀의 영광이 이방인 가운데 얼마나 풍성한지를 알게 하려 하심이라 이 비밀은 너희 안에 계신 그리스도시니 곧 영광의 소망이니라 (골 1:24-27)

예수님은 우리 안에 살기 원하시며, 우리가 주님 안에서 온전한 삶을 살아가길 원하신다. 주님은 우리를 너무나 사랑하셔서 때때로 작은 집인 우리 마음에 철퇴를 가하기도 하신다. 주님은 우리 안에 그분의 사랑이 자라갈 공간을 만들고 싶어 하신다. 그래서 주님은 더 큰 공간을 만드시기 위해 벽돌을 한 장 한 장 더하실 것이다. 주님은 우리 안에 계시는 영광의 소망이신 그리스도이시다.

어떤 사람들은 바울의 성격이 좋지 않다고 생각한다. 그러나 여기 바울이 행복한 사람이라는 증거가 있다! 위의 말씀에서 바울은 골로새 교인들에게 자신이 고난 가운데도 기뻐한다고 말한다. 그는 예수님 때문에 고난을 받아도 행복하고 괴로움을 받아도

심히 즐거워했다. 그는 예수님을 자기 생명보다도 더 사랑했다. 바울은 기쁨과 고난의 잔을 기꺼이 마셨다.

만일 바울이 중간에 멈췄다면 어떤 일이 일어났을까? 만일 그가 포기했다면 어떻게 되었을까? 바울은 포기하지 않았으며, 하나님도 바울을 포기하지 않으셨다.

당신이 태어나기도 전에, 당신이 주님의 이름을 말하는 법과 기도하는 법을 알기도 전에 당신 안에서 역사하신 하나님은 결코 일을 끝내지 않은 채로 당신을 떠나지 않으실 것이다. 하나님의 약속에 이르기 전에 멈추지 말라. 목적지에 이르기 전에 결코 먼저 멈추지 말라. 주님의 영광에 이르기 전에 포기하지 말라.

성령께서는 우리를 점령하시기 위해 당신과 나의 삶을 거룩한 불로 끈질기게 태우실 것이다. 주님은 우리가 예수로 충만하고, 소망으로 충만하고, 오직 하나님의 영광으로만 충만하여 공허하고 소망이 없는 세상에 그 영광을 계시하길 원하신다. 만일 당신이 공허하고 깨어진 마음이라면, 주님은 당신을 충만하게 채우실 것이다. 당신이 필사적으로 주님을 구하고 그분을 필요로 하는 사람들에게 갈 준비가 되었다면, 주님은 당신에게 양분을 공급하시고 세우실 것이다. 당신이 주님과 그분의 소망과 영광으로 충만하면, 당신 안에 계신 그리스도께서 당신을 통해 또 다른 사람들을 충만하게 채우실 것이다.

나는 그날의 환상을 잊을 수가 없다. 주님은 아름다운 임재 가운데 가난한 자들이 사용하는 소박한 잔을 들고 계셨다. 그 잔에는 코코넛이 반쯤 차 있었다. 그리고 주님은 나에게 물으셨다. "하이디, 이것은 고난과 기쁨의 잔이다. 네가 이것을 마시겠느냐?"

내가 그 잔을 마시자 그것은 다른 사람들을 위한 생수가 되었다. 예수님은 우리가 그분이 보시는 대로 보길 원하신다. 천국에서 미소를 짓고 계시는 주님은 지옥의 고통도 맛보셨다. 주님은 고난과 고통을 당하시고 죽으셨다. 주님은 문자 그대로 자신을 주심으로 고난과 기쁨의 잔을 취하셨다. 주님은 자기 앞에 놓인 기쁨을 위해 기꺼이 고난을 받으셨다.

당신은 하나님께서 맡기신 일을 감당하기에 큰 자도, 강한 자도, 영적인 자도 아닐 수 있다. 그러나 주님은 다르시다. 하나님은 그 무엇보다 크시다. 주님은 당신 안에서 당신을 통해 시작하신 일을 이루실 것이다. 사랑하는 자여, 주님의 영광에 이르기 전에 결코 멈추지 말라.

Chapter 5 멈출 수 없는 사랑

펨바의 어린이사역

"주님의 모든 말씀으로"

＊펨바 본부에서 섬기는 브라이언과 로레나 우드 부부의 이야기를 아래에 그대로 옮긴다.

우리는 인근 마을 아이들에게 날마다 점심을 먹인다. 이 아이들은 매우 가난한 가정 출신인데, 이곳에서도 형편이 가장 어려운 편이다. 그래서 그들은 항상 배가 고프다. 2008년 6월에 처음 펨바에 도착했을 때, 우리는 아이들이 음식을 기다리는 동안 성경을 가르치기 시작했다.

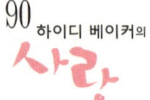

> 사람이 떡으로만 살 것이 아니요 하나님의 입으로부터 나오는 모든 말씀으로 살 것이라 (마 4:4).

하비스트성경학교 학생들의 도움을 받아 우리는 매주 5일씩 성경교육 프로그램을 운영했다. 그러자 이 소중한 아이들이 놀랍게 성장하기 시작했다. 현재 800명의 아이들이 이 프로그램을 통해 성경을 배우고 있다! 이번 주에는 성경교육 프로그램을 위해 새로 지은 건물을 헌당했다. 모잠비크인 동역자인 엘더는 언덕 위에 지어진 이 건물의 이름을 '시내산'이라 명명했다. 그는 이렇게 말했다. "하나님의 명령을 따라 모세가 이스라엘 자녀에게 말씀을 전해주었듯이, 우리도 이곳에서 아이들에게 하나님의 말씀을 전할 것입니다."

하나님은 엘더에게 놀라운 은사를 주셨다. 그와 함께 동역하는 것은 크나큰 특권이 아닐 수 없다. 그는 좀더 많은 교육과 훈련을 받아 미래에 어린이 사역을 감당할 지도자들을 세울 비전을 품고 있다.

엘더에게 성경공부 프로그램에서 가장 좋은 부분이 무엇인지 묻자 그는 이렇게 대답했다. "아이들이 와서 참되신 하나님을 알고 그들의 삶이 변화되는 것을 보는 것입니다. 매일 점심을 먹으러 오던 아이들은 존경심도, 사랑도, 순종도 없었습니다. 하지만 지금 우리는 그들이 변화되는 모습을 봅니다. 그들은 예수님의 사랑을 알기 때문에 노래하고, 주님에 대해 이야기하고, 주님이 어떻게 길과 진리와 생명이 되시는지를 이야기합니다. 아이들은 평안과 기쁨 가운데 즐겁게 지내고 있습니다. 저는 그런 아이들을 사랑합니다. 저는 하나님의 도우심으로 그 아이들이 마을을 변화시키리라 믿고 있습니다."

우리는 하나님의 말씀과 주님의 영이 우리 아이들 속에 역사하셔서 그들이 계속 강건하게 자라갈 것을 믿고 기도한다. 여기 우리의 소중한 소녀인 투파의 간증이 있다.

안녕하세요, 저의 이름은 투파입니다. 저는 10살이고, 현재 약 7개월째 이 프로그램에 참석하고 있습니다. 저는 하나님께서 저를 사랑하셔서 이곳으로 인도해주신 것에 대해 감사합니다. 저는 이곳에서 주님과 성경에 대해 많은 것을 배우고 있습니다. 이 프로그램을 통해 하나님께서 저의 마음을 바꿔주셔서 감사합니다.

여기에서 저는 하나님과 대화하는 법을 배웠습니다. 이전에는 매일 밤 제 방에 있는 악한 영들로부터 공격을 당해 고통스러워 잠을 잘 수가 없었습니다. 그러나 하나님에 대해 배우고 나서 기도한 뒤로는 더이상 악한 영들이 오지 않습니다. 저의 부모님은 제가 두려움 없이 방에 들어가게 되었다며 기뻐하십니다. 최근에는 교복 블라우스를 잃어버린 일이 있었습니다. 그날 블라우스를 찾게 해달라고 기도하며 다시 학교에 갔는데, 정말 그 옷이 있었습니다! 저를 사랑해주시는 하나님과 주님께 감사드립니다. 주님은

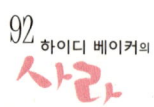

저의 기도에 응답하시는 좋으신 분입니다.

우리는 투파에게 "네가 여기에서 배운 것 중 가장 중요한 것이 무엇이니?"라고 물었다. 그러자 아이는 "하나님의 말씀을 듣고 그것을 따르는 것"이라고 대답했다. 나는 이 말을 듣고 너무나 흥분되었다.

우리는 이곳에서 이 소중한 아이들을 섬기는 것을 크나큰 영광으로 생각한다. 우리의 모든 이야기와 교훈은 그들에게는 완전히 새로운 것들이다. 아이들은 날마다 하늘 아버지에 대해 더 많은 것을 배우며, 그들이 들은 바를 열정적으로 받아들이고 있다.

묵상의 시간

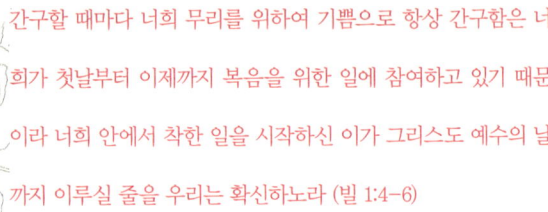

간구할 때마다 너희 무리를 위하여 기쁨으로 항상 간구함은 너희가 첫날부터 이제까지 복음을 위한 일에 참여하고 있기 때문이라 너희 안에서 착한 일을 시작하신 이가 그리스도 예수의 날까지 이루실 줄을 우리는 확신하노라 (빌 1:4-6)

나는 유종의 미를 거두고 싶다. 나는 탈진하거나 지치거나 물에 빠져 죽음으로써 인생을 마치고 싶지 않다. 바울은 유종의 미를 거뒀다. 그는 하나님이 명하신 일을 수행했고, 위의 말씀 속의 그는 행복하다. 그는 행복한 사람이다!

바울은 그가 혼자가 아니라는 것을 알았기에 행복했다. 하나님은 바울을 위해 일하셨으며 바울 안에서 역사하셨다. 바울이 해야 할 일은 그저 하나님과 함께 일하는 것이었다. 이처럼 영광스러운 동역은 없다. 하나님과 함께 일하라. 그러면 어느 누구도 이 일을 막을 수 없다. 하나님은 우리 스스로 모든 것을 해결하도록 내버려두지 않으실 것이다. 주님은 다른 도움 없이 우리를 홀로 남겨두지 않으실 것이다. 하나님은 우리와 함께 계시며, 우리를 위하고 지키신다. 당신 안에 계신 그리스도는 영광의 소망이시다.

나는 카보 델가도의 해변에 살고 있다. 해변을 이리저리 거닐며 하나님과 이야기 나누는 것을 좋아하는 나는 종종 일단의 무리들이 커다란 그물로 고기 잡는 것을 본다. 약 40여 명의 남녀가 함께 흥겹게 노래하며 던져 놓은 그물을 잡아당긴다. 그들은 계속

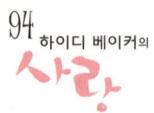

해서 노래하며 그물을 잡아당긴다. 혼자서 무거운 그물을 잡아당길 수는 없다. 그럴 경우 쉽게 지쳐 쓰러질 것이다. 그러나 그들은 함께 어울려 즐겁게 일한다. 노래를 하며 함께 일하는 것을 즐긴다. 그것을 통해 성부와 성자와 성령 하나님께서 어떻게 함께 일하시는지를 배운다. 삼위 하나님은 결코 홀로 일하지 않으시며, 항상 서로를 존중하신다.

이렇게 할 때, 사역은 기쁨이 된다. 그것이 바로 협력(partnership)이다. 우리 아이리스의 자녀 중 6살짜리 아이들이 있는데, 그들이 가난한 자를 위해 기도하고 눈멀고 귀가 먼 사람을 위해 기도하면 그의 눈과 귀가 열린다. 이 아이들은 3년 코스의 신학훈련을 받지 않았다. 그들은 단지 하나님께서 모든 사람을 고루 사용하시며 모든 자를 위해 일하신다는 것을 알 뿐이다. 우리는 혼자서 사역할 수 없다. 우리는 자녀들의 능력이 풀어지도록 그들을 응원하고 격려하며, 그들이 서로를 더 존중하는 가운데 우리보다 더 많은 것을 할 수 있다는 것을 믿어야 한다.

당신은 혼자 고립된 채로 하나님의 일을 할 수 없다. 그것은 마치 혼자서 5만 명의 식사를 준비하려는 것과 같다. 당신 혼자서 커다란 청새치(marlin) 한 마리를 순간 잡을 수는 있을 것이다. 그러나 계속해서 그것을 낚시로 붙들고 있으면 결국 팔에 힘이 빠지게 될 것이다. 이와 같이 당신은 혼자서 추수할 수 없다. 우리는 서로 섬기고 세우며 함께 예배하고 지원해주고 풀어줘야만(release) 한다. 각 사람은 자신이 창조된 목적을 따라 선한 일을 해야 한다. 그 길을 가는 데 있어, 우리가 서로를 지원해주고 풀어준다면 결코 지치지 않을 것이다.

좌절하거나 낙담하지 말라. 자신의 힘과 능력으로 최선을 다했는데 실패했다면, 주변의 사람들과 연합하여 일하라. 그럴 때 우리는 우리의 능력보다 더 멀리, 그리고 더 빨리 갈 수 있다. 그리고 우리가 더불어 하나님의 일을 하면 커다란 위로와 기쁨을 누릴 수 있다.

하나님께서 당신에게 맡기신 일을 하라. 그것을 기쁨으로 하되 하나님께서 함께 일하시도록 하라. 그러면 어느 누구도 그 일을 막을 수 없을 것이다.

Chapter 6 펨바의 어린이사역

Chapter 7
단순하고 실제적인 사랑

"사랑이란 가장 소중한 것을 내어주는 것이다"

{ Heidi Baker }
하이디 베이커

    지난 목요일에 선교학교와 성경대학 학생들, 그리고 선교사들과 방문자들로 구성된 팀이 모잠비크의 외진 곳으로 모험을 떠났다. 이는 하나님의 나라를 확장하기 위한 것이었다.

    첫날 밤, 추리 행정구에서 하나님은 많은 병자들을 고치셨다. 그 중에 3명의 청각장애인이 있었는데 모두 귀가 열렸다. 다음날 아침 예배 중에 하나님께서 강하게 임하셨다. 예배 후 우리는 마을의 연못으로 가서 감격스러운 세례식을 가졌다. 그곳에 머무는 내내 아이리스 팀원들은 기쁨과 에너지로 충만했다. 우리가 떠나기 전, 그 지역의 모슬렘 가정이 예수님을 영접하는 일도 있었다. 그 가정은 우리가 그들의 소유지에 야영하도록 허락해준 사람들이었다.

물론 다소 어려운 점도 있었다. 이번 여행에는 매번 무대로 사용하던 대형 트럭도 가지고 가지 않았다. 그럼에도 불구하고 학생들은 준비한 연극을 멋지게 해냈다. 연극을 할 때에 통상적으로 있기 마련인 청중과의 거리감도 없었다. 오히려 흥분한 군중들이 연기자들과 한데 어울려 즐거운 난장판이 되었다. 가까이 몰려드는 군중들의 소리에 배우들의 소리가 묻혀 스피커의 소리를 더 키우느라 사운드시스템이 삑삑거렸다. 그 결과 시끄럽고 질서가 없었지만, 그것은 너무나 아름다운 광경이었다.

우리는 이 마을에서 풍성한 헌물을 받았다. 그 중 다 자란 염소 한 마리를 자동차 꼭대기에 실었다. 먼지 나는 도로를 따라 달릴 때마다 그 녀석은 온갖 비명을 질러댔다. 지금은 미에제의 어린이집에서 다른 염소들과 어울려 지내고 있는데, 그 녀석을 볼 때마다 뿌듯한 마음이 든다.

한편 이번 여행에서 가장 인상깊은 만남이 있었다. 한 마쿠아족 할머니가 우리에게 마리에테라 불리는 선천성 색소결핍증을 앓는 아이를 데려온 것이었다. 피부와 눈을 보호해야 하는 이 질병은 덥고 햇볕이 강한 아열대성 기후에서는 특별한 보살핌이 필요하다. 그래서 우리는 이 소중한 아이를 펨바로 데려오기 위해 그곳 정부 관리들과 이야기를 나누고 있다.

우리가 방문한 마을 한 곳만 해도 48명의 고아가 있었다. 다른 마을도 사정은 비슷해서 추리 지역에 새로운 어린이집이 절실하게 필요한 상황이다. 우리는 급한 대로 움막을 짓고 있다. 우리는 이곳뿐만 아니라 전 세계 모든 곳에 있는 모든 고아를 데리고 온다 해도, 신실하신 하나님께서 계속해서 필요한 모든 것을 공급해주시리라 믿는다.

사랑이란 자신에게 가장 소중한 것을 내어주는 것이다. 그리고 사랑을 표현하는 방법은 매우 다양하고 창조적이다. 4년 전에 모잠비크 남부의 한 청년이 자기 민족의 전통음악으로 찬양을 만들어 세계를 변화시키고 싶다는 비전을 나누었다. 당시에는 그러한 음악이 없었지만, 그는 계속해서 그 꿈을 키워갔다.

그러던 중 지난해 이 젊은이는 펨바에서 열린 한 프로젝트에 참가하여 풍성한 후원금을 받았다. 그것으로 그는 녹음장비를 구입하여 '주님의 음성'(Voice of the One)이라는 제목의 아름다운 마쿠아족 전통찬양 앨범을 제작했다. 우리는 이 찬양이 이곳을 비롯하여 전 세계적으로 영향을 미쳐, 원주민 신앙이 예술로 열매를 맺는 증거가 되길 바란다.

오래된 집에 사는 과부에게 사랑은 어떤 모습일까? 우리의 친구인 에드워드 파머는 이렇게 말한다.

우리는 하늘 아버지의 사랑을 연로하고 궁핍한 과부들에게 아주 구체적으로 보여주고 싶습니다. 이곳에서 사랑은 우기가 오기 전에 지붕을 새롭게 갈아주는 것으로 표현할 수 있습니다.

그래서 성경학교 학생들과 목회자들의 도움을 받아 우리는 과부들이 함께 사는 집의 낡은 지붕을 고쳐주었습니다. 그것은 집이라고 하기도 어려운 곳이었습니다. 심지어 오래된 지붕을 걷어낼 때 짚이 쉽게 부서졌습니다. 오랜 세월 동안 햇볕과 비에 부식된 지붕은 푸석거렸습니다. 그 집에는 여러 세대의 여인들이 살고 있었는데, 지붕 수리를 마치자 최고령자인 여인이 이가 없는 잇몸이 드러날 정도로 밝게 웃으며 기뻐했습니다.

지붕을 수리하는 우리를 보고 마을의 아이들이 몰려왔습니다. 그래서 우리는 팀을 나누어 절반은 흙바닥에서 아이들과 춤을 추거나 어울려 놀았습니다. 나는 한 마쿠아족 과부와 함께 아이들에게 노래를 가르쳐주며 그 어디에도 예수님과 같은 분이 없다는 사실을 선포했습니다. 그리고 우리는 모든 아이들에게 빵을 사주었는데, 비용은 단지 몇 달러밖에 들지 않았습니다.

복음의 메시지는 분명합니다. 즉 사랑은 단지 이상(ideal)이 아니라 행동(action)입니다. 사랑은 현실 속에서 영과 진리로 이루어집니다. 자금의 여력이 되는 한 우리는 계속해서 가능한 한 많은 이들의 지붕을 고쳐줄 것입니다.

제미 휴먼은 이렇게 이야기했다.

어제 우리는 7월에 태어난 아이들의 생일을 축하해주었다. 이곳의 아이들에게 생일이란 단지 기쁘고 즐거운 날 이상의 의미를 지닌다. 그날은 그들이 가족으로 입양되었다는 사실을 상기시켜 준다. 그들은 더이상 이름과 생일이 없는 고아들이 아니다. 우리는 이 파티를 통해 그들이 소속감을 다시 한 번 새롭게 느끼길 바란다.

지붕 수리 전의 모습

지붕 수리 후의 모습

Chapter 7 단순하고 실제적인 사랑

생일축하 파티는 조용한 웜베 해변에서 열렸다. 그곳에서 생일을 맞은 아이들을 위한 특별한 순서가 진행되었다. 요니 선교사는 친교사역을 맡고 있는데, 이것은 이곳 아이리스에서 매우 중요한 사역이다. 그녀는 아이들을 여러 개의 팀으로 나눠 해변을 오르내리는 릴레이경주를 벌였다. 팀별로 대항했지만, 아이들은 단지 야외에서 함께 즐기는 것 자체를 행복해했고, 상을 받기 위해 이겨야 한다는 개념은 전혀 없었다. 알레그리아 팀이 우승하자, 갑자기 상대팀의 아이들이 모두 일어나 춤을 추며 노래하기 시작했다. 그들은 서로가 한 가족인 것이 너무나 감사했고, 이런 시간을 갖는 것 자체가 즐거울 뿐이었다. 거기에는 어떤 아쉬움이나 시기심이 없었다.

선물을 나눠주는 시간이 되자 모든 아이들이 감사의 마음을 담아 하나님을 찬양하기 시작했다. 물론 춤도 췄다! 원을 그린 다음 생일을 맞은 모든 아이들을 불러 선물을 주고 선교사들이 각 사람에게 축복기도를 해주었다. 그리고 나서 우리 모두는 칭송이 자자한 케이크를 열심히 먹었다. 이곳에서 단 음식에 대한 사람들의 기대는 정말 대단하다.

아이들은 한 달에 한 번씩 있는 이 축하의 시간을 손꼽아 기다린다. 한 사람 한 사람 모두가 하나님의 공급하심에 대해 참으로 감사해한다. 그들은 입양되었을 뿐만 아니라, 그들을 사랑하고 지지해주는 사람들에게 둘러싸여 있다. 이러한 축하는 얼마나 큰 축복인가!

> ### 묵상의 시간
>
>
> 내가 기도하노라 너희 사랑을 지식과 모든 총명으로 점점 더 풍성하게 하사 너희로 지극히 선한 것을 분별하며 또 진실하여 허물 없이 그리스도의 날까지 이르고 예수 그리스도로 말미암아 의의 열매가 가득하여 하나님의 영광과 찬송이 되기를 원하노라 (빌 1:9-11).

모잠비크에 최악의 태풍이 몰아쳤을 때, 나는 멀리 떨어진 곳에서 배로 여행하던 중이었다. 그 배는 육로로 갈 수 없는 마을을 갈 때 사용하는 배처럼 작은 배가 아니었다. 비교적 안락한 편인 그 배에는 친구들과 좋은 음식과 여유가 넘쳤다.

그러던 중 모잠비크 본부에서 온 전화를 받았다. 당시 태풍으로 인해 많은 사람들이 충격에 빠져 있었다. 우리가 세운 교회 중 360개가 홍수에 쓸려가 손실되었다. 나는 멋진 배에 있었지만, 더이상 그곳에 머물고 싶지 않았다. 그 순간 나의 가족들은 고통을 당하고 있었다. 나는 그들에게 너무나 가고 싶었다. 만일 내가 날 수 있었다면 당장 날아갔을 것이다.

나에겐 날개가 없었지만, 남편 롤랜드가 있었다. 나는 첨단장비를 잘 다루는 그에게 애원했다.

"여보, 배에서 내려줘요. 우리는 당장 집에 가야 해요. 제발 집에 가요."

롤랜드는 최선을 다해 집으로 돌아갈 방법을 찾았다. 그동안 나는 옴짝달싹할 수가 없었다. 그런 순간 당신은 제일 먼저 무엇을 하는가? 몰아치는 바람을 향해 주먹을 휘두르며 소리지를 수도 있지만, 그럴수록 당신은 거미줄에 걸린 파리처럼 될 뿐이다. 몸부림을 치면 칠수록 그만큼 더 빨리 갇히는 것이다.

바울은 이렇게 말했다. "내가 기도하노라 너희 사랑을 지식과 모든 총명으로 점점 더 풍성하게 하사 너희로 지극히 선한 것을 분별하며." 뭐가 지극히 선한 것인가? 당신이 아무것도 할 수 없을 때, 할 수 있는 최선의 것은 사랑하는 하늘 아버지께 무엇이 최선인지를 묻는 것이다. 예수님은 "나는 아버지가 행하시는 대로 행한다"고 말씀하셨다(요 5:19). 하나님께서 배에 있으라고 하실 때, 배를 떠나는 것은 아무런 소용이 없는 일이다. 어쩌면 당신이 고립되어 있는 바로 그 상황이 하나님의 뜻인지도 모른다. 그러므로 고난과 기쁨의 잔을 마시며 하나님께서 맡기신 일을 할 때, 당신은 기쁨을 발견한다. 심지어 당신이 어디에 있어야 할지, 그리고 무엇을 해야 할지에 대해 '더 좋은' 아이디어가 있을 때에도 그렇다.

모잠비크의 수많은 사람들이 집을 잃고 고향을 떠났다. "하나님, 저는 왜 집에 갈 수 없습니까?" 나는 알고 싶었다. 한편으로는 "저는 저의 아들딸들과 함께 있고 싶습니다"라고 항변하기도 했다. 그러자 주님이 말씀하셨다. "하이디, 네 임무를 마쳐라. 너의 아들딸들을 풀어주어라. 너는 그들을 잘 키웠다. 이제 그들이 일할 수 있도록 풀어줘라."

하나님이 무엇을 원하시는지 알 때, 나는 그렇게 할 수 있다. 그제서야 긴장을 풀고

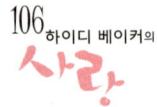

그 길에서 빠져나올 수 있다. 그래서 나는 그 배에 계속 머물렀다. 이 위기에서 누가 구원자가 되었는지 아는가? 누가 구호 활동을 인도했는지 아는가? 바로 우리 아이리스의 자녀 중 한 사람이었다. 예전에 그는 노상강도였다. 우리가 그를 처음 만났을 때, 그는 손에 칼을 들고 길가에 서 있었다. 그는 우리에게 "저를 데려가 주세요"라고 말했다. 그날 이후로 그는 우리와 함께 살고 있다. 그런 그가 이 위기의 순간 우리를 대신하여 형제들을 구한 것이다.

당신의 아들딸들을 풀어주라. 그들에게 트럭 열쇠를 맡기라. 그렇다. 그들이 트럭을 망가뜨리고, 엔진오일 교체하는 것을 잊을지도 모른다. 그러나 우리가 그랬던 것처럼 책임을 지고서 맞닥뜨려 경험해보지 않으면 어떻게 책임감을 배울 수 있겠는가?

하나님께서는 나에게 맡기신 임무를 끝내기 위해 배에 계속 머물라고 말씀하셨다. 하나님의 영광을 방해하지 말라. 주님의 영광에 이르기 전에 멈추지 말라. 당신의 눈을 주님께 고정시켜라. 그분의 사랑을 신뢰하라. 주님은 언제나 넘치시는 분이다. 나는 당신의 사랑이 더욱 풍성해져 하나님을 알고, 지극히 선한 것이 무엇인지 알게 되길 기도한다. 그러면 당신은 오직 주님만이 하실 수 있는 일을 그분이 하신다는 것을 믿게 될 것이다.

Chapter 8
우리의 하루

"주님은 언제나 위대한 일들을 행하신다."

{ Heidi Baker }
하이디 베이커

지난 밤, 우리는 평소처럼 전도를 나갔다. 우리가 찾아간 마을의 모든 사람들이 그들의 삶을 주님께 드렸고, 귀가 멀어 듣지 못했던 한 젊은이가 듣게 되었다. 사역을 마친 우리는 둥글게 텐트를 치고 단잠을 잤다.

다음날 일정은 새벽 3시부터 시작되었다. 인근의 흙집에 사는 아이들이 텐트 주변으로 모여들더니 텐트 안을 들여다보았다. 잠에서 깬 나는 하늘에 아름답게 펼쳐진 별들을 올려다보았다. 그토록 '멋진 풍경을 볼 수 있는 그곳은 별 5개가 아닌 별 십억 개의 특급호텔이었다. 이처럼 깊은 밀림에서도 나는 모든 음료 중 가장 행복하고 위로가 되는 음료(커피)를 만들기 위해 물을 끓였고, 이 모든 것들을 누릴 수 있게 해주신 주님께 감사했다.

50명의 친구들에게 음식을 대접한 후, 나는 이번 전도일정 내내 우리의 텐트와 차량을 지켜준 경찰들에게 즐거운 마음으로 복음을 전했다. 그들은 AK-47 소총을 어깨에 멘 채로 기도했다. 사실 이곳은 매우 위험한 지역으로 알려진 곳이다. 지난번에는 많은 물건을 도난당하기도 했다. 전화기와 카메라, 여권 그리고 옷가지를 잃어버렸는데, 한 청년이 밤새도록 도둑들을 쫓아가서 서류와 옷가지를 도로 찾아왔다. 그러나 옷에는 총알 자국이 나 있었다.

경찰들과 기도를 한 후, 우리는 결혼식에 참석하기 위해 메쿠피 행정구에 위치한 마리아타를 방문했다. 진흙으로 지은 작은 교회는 하객들을 다 수용할 수가 없었다. 그래서 우리는 밖으로 나와 크고 아름다운 나무 그늘 밑에서 결혼식을 거행했다. 신랑과 신부가 불편하게 풀밭에 앉아야 했지만, 마을 사람들과 목회자들 모두 한마음이 되어 예배드리고 새로운 부부를 축복해주었다. 우리는 이들의 손에 결혼반지를 끼워주는 특권을 누렸다. 그런 다음 우리는 새신자들에게 세례를 주기 위해 기쁜 마음으로 인근 강가로 갔다.

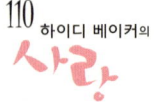

　가는 길에 우리는 요안나라 불리는 5살짜리 소녀를 만났다. 한 번도 걸어본 적이 없는 요안나의 무릎은 땅바닥을 기어 다니느라 굳은살이 박여 있었다. 이 아이를 향한 하나님 아버지의 긍휼을 느낀 나는 두 손으로 아이의 막대기 같은 다리를 곧게 펴고 축복하며 걸으라고 말했다. 요안나가 첫 걸음을 떼고 걷기 시작하자 사람들이 소리를 질렀다. 이 얼마나 기쁜 일인가! 우리가 살아 있는 이유는 바로 이러한 때를 위함이다!

　그곳을 떠나 우리는 몇 킬로미터를 걸어서 또 다른 마을로 들어갔다. 마을 사람들은 우리를 친절하게 맞아주었다. 너무나 많은 사람들이 우리를 따라와 마치 수백 명이 퍼레이드를 벌이는 것 같았다. 마침내 우리는 매우 아름다운 강가에 도착했다. 거기서 우리는 세례를 주기 시작했다. 세례를 받은 사람들 중 많은 이들이 물에서 나올 때 방언으로 기도했다. 성령의 임재가 무척이나 강했다. 멈추지 않는 이 기쁨!

우리가 세례를 주는 동안 해변에서 어린 소년들이 뒤로 공중제비를 넘으며 놀았다. 나중에 나와 크리스탈린이 수영을 하기 위해 강물에 뛰어들자, 아이들이 떼를 지어 우리 뒤를 따랐다. 우리는 그들의 옷에 붙은 스티커를 발견했다. 그것은 그 아이들이 오늘 아침에 있었던 어린이예배에 참석했다는 표였다. 우리는 그들에게 예수님을 영원히 따르겠냐고 물었다. 그러자 그 중 6명의 아이들이 예수님을 따르기로 하고 세례를 받았다.

우리는 다시 한참을 걸어 차가 있는 곳으로 돌아와 간단히 콩과 밥으로 점심을 해결했다. 그리고는 매달 개최되는 아이리스의 생일파티에 참석하기 위해 거친 비포장도로를 달려 펨바로 돌아왔다. 우리는 생일을 맞은 아이들의 눈을 바라보며 하나님 아버지께서 그들을 향해 품고 계신 영광스럽고 특별한 목적을 말해주었다. 이런 놀라운 특권을 주신 하나님께 감사드린다. 아이들은 축복기도와 선물과 케이크를 받았다. 케이크는 특별히 여자아이들이 이 파티를 위해 흥분된 마음으로 밤을 새며 만든 것이다. 우리는 매달 이 멋진 날을 간절히 기다린다.

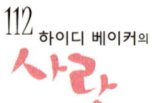

생일파티가 끝나고, 우리는 새로 시행될 일대일후원 계획과 가난퇴치를 위한 프로그램에 대해 장시간 회의하고 있었다. 그런데 3명의 청년들이 생각지 못한 생선요리를 가져와 우리를 놀라게 했다. 이들은 어릴 때부터 아이리스에서 자란 청년들로 지금은 이곳에서 지도자로 섬기고 있다. 그들은 큰 사랑을 담아 아주 멋진 요리를 만들어주었다. 그날은 정말 완벽한 날이었다. 모든 영광을 하나님 아버지께 돌린다. 주님은 언제나 위대한 일을 행하시는 분이다.

묵상의 시간

나의 간절한 기대와 소망을 따라 아무 일에든지 부끄러워하지 아니하고 지금도 전과 같이 온전히 담대하여 살든지 죽든지 내 몸에서 그리스도가 존귀하게 되게 하려 하나니 이는 내게 사는 것이 그리스도니 죽는 것도 유익함이라 그러나 만일 육신으로 사는 이것이 내 일의 열매일진대 무엇을 택해야 할는지 나는 알지 못하노라 (빌 1:20-22)

"**내게** 사는 것이 그리스도니 죽는 것도 유익함이라." 하나님께서 우리 안에 사시도록 하려면, 기존의 선입견과 계획과 일하는 방식을 모두 내려놓아야 한다. 우리는 새로운 생명이 필요하다. 주님의 영광을 실어나르려면 먼저 죽어야 한다. 우리는 십자가를 지고서 예수님처럼 말해야 한다.

"내 뜻대로 마옵시고, 당신의 뜻대로 하옵소서. 어떤 대가를 치르더라도 저에게 마시라고 하신 잔을 마시겠습니다."

이제 다시 폭풍우가 치던 그날로 돌아가 이야기를 마쳐야겠다. 마침내 나는 하나님이 계속해서 머무르라고 명하신 안락한 배에서 내렸다. 태풍이 모잠비크를 강타한 후, 정부는 우리에게 두 난민촌에 있는 사람들에게 음식을 제공해도 된다고 허락하였다. 두 곳에는 각각 6천 명의 사람들이 대피해 있었다.

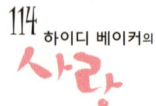

난민촌의 아이들은 너무나 배가 고파서 더이상 울지도 못했다. 그들은 조용히 앉아 있거나 흙바닥에 누워 있었다. 아이들의 배는 불룩했고, 엄마들은 곁에서 죽어가고 있었다. 만약 당신이 이러한 광경을 보고 있다면, 어떻게 하겠는가? 눈길을 돌리고, 내 힘으론 어쩔 수 없는 일이라고 외면하겠는가?

바울은 "온전히 담대하길 기도한다"고 말했다. 그것은 폭풍과 기근, 그로 인한 모든 고통 중에서 하늘의 공급하심을 담대하게 구하는 것이다. 또한 그것은 하나님께서 당신이 마시도록 부르신 잔을 담대하게 마시는 것이다. 하나님 외에 그 누구도 이와 같은 상황에서 충분한 물자를 공급할 수 없다.

"하이디, 너는 나를 신뢰하느냐?" 나는 처음에는 "안 된다"고 소리쳤다. 하지만 이제껏 다양한 상황을 통해 "예! 주님! 그렇습니다. 저는 더이상 울 힘도 없는 이 아이들을 먹일 수 있다고 믿습니다. 주님은 자신을 주셨습니다. 주님은 가지고 계신 모든 것을 주셨고, 그것은 언제나 필요를 채우고도 남았습니다"라고 선포하는 법을 배웠다.

엄청난 재난을 당한 1주일 동안 우리는 지난 12년 동안 지원받았던 것과 맞먹는 양의 음식을 컨테이너로 받았다. 우리는 1만 2천 명의 사람들에게 음식을 나누어주었다. 트럭들이 음식을 실어날랐고 사람들은 배불리 먹었다. 그것은 기쁨과 고난의 잔이었다.

하나님이 보시는 대로 보면 불가능한 것, 당신이 상상조차 할 수 없던 일이 가능해지고 당신이 고치고 싶은 것이 고쳐진다. 그러나 당신 자신의 힘으로 하려 하거나 오직 그것에만 눈을 고정하면, 곧 탈진하거나 지쳐 쓰러질 것이다. 이제 이 잔을 마시고 스스로의 힘으로는 감당할 수 없는 짐을 예수님께 맡기지 않겠는가? "주여, 내 뜻대로 마옵시고 당신의 뜻대로 하옵소서." 그날에는 나뿐만 아니라 우리 아들딸들 모두 기적의 현장에 있었고, 그들은 지으심을 받은 목적대로 일할 수 있었다.

　이런 기적을 체험하려면 큰 용기가 필요하다. 당신이 지금까지 단단히 붙들고 있던 고삐를 내려놔야만 한다. 당신의 방법과 해법을 버려야 한다.

　친구여, 당신과 나에게는 답이 없다. 오직 하나님만이 유일한 답이 되신다. 이것을 깨닫고 실천할 때, 우리의 삶은 열매 맺는 삶이 될 것이다. 열매가 없다면 삶이 무슨 의미가 있겠는가? 그러나 열매를 맺으려면 먼저 씨를 땅속 깊은 곳에 심어야 한다는 것을 기억하라. 추수 전에는 밭이 황량해 보일 수도 있다. 그러나 모든 생명은 감춰져 있으며 드러나고 풀어질 준비를 한다. 그리고 주님의 때에 환히 드러날 것이다.

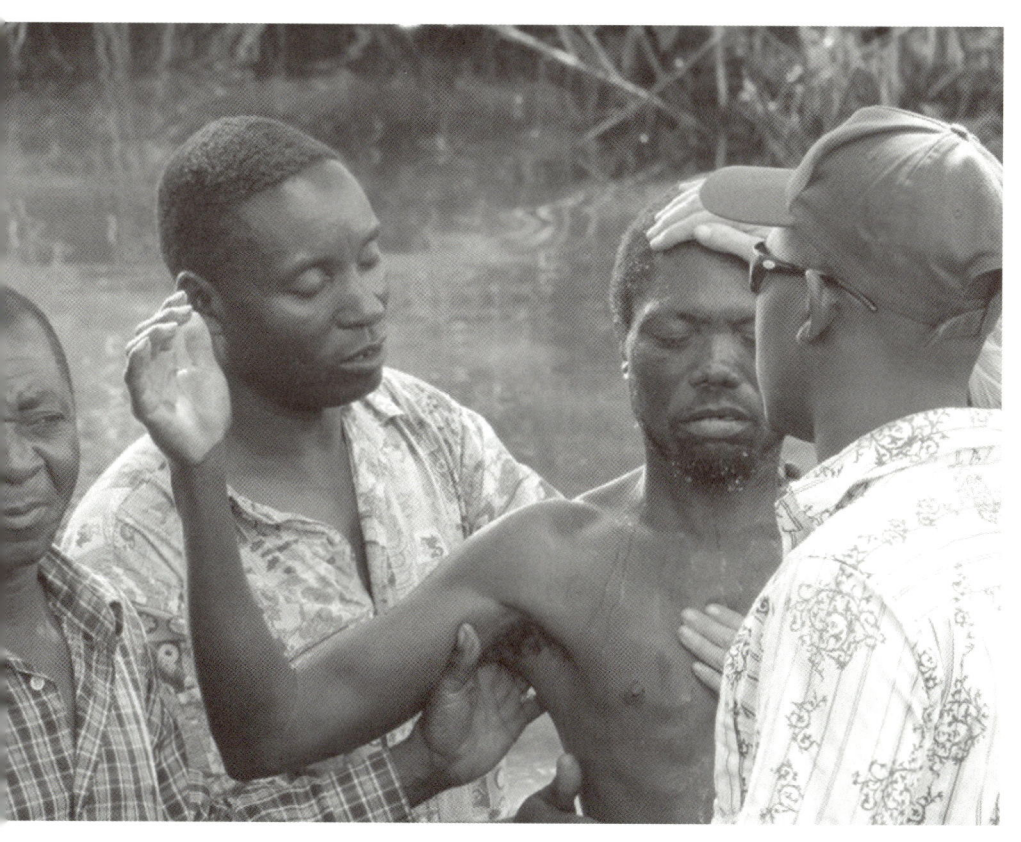

Chapter 8 우리의 하루

더 낮은 곳으로

"하나님께서 승리를 주시다"

{ Rolland Baker }
롤랜드 베이커

아이리스의 핵심가치 중 하나는 더 낮은 곳에서 사역하는 것이다. 우리는 이 원리가 자연계뿐만 아니라 영의 세계에도 적용된다고 생각한다. 지난 몇 달 동안 우리의 우물프로젝트는 더 낮은 곳으로 흘렀다. 수많은 시련이 있었지만, 이 모든 것들은 합력하여 선을 이뤘고, 결국 하나님께 영광이 되었다.

Chapter 9 더 낮은 곳으로

가장 놀라운 소식은 정부가 모잠비크 전역에서 우물을 팔 수 있도록 허가서를 발급해주었다는 사실이다. 이것이 매우 당연한 일처럼 보일지도 모르지만, 이곳에선 엄청난 기적이다! 많은 단체들이 이 허가증을 획득하는 데 오랜 시간을 기다린다. 그러나 하나님의 은혜로, 그리고 아이리스의 대관업무 담당인 세르지오 몬들하네의 지칠 줄 모르는 열정으로 우리는 신청한 지 불과 몇 주 만에 허가증을 받았다.

어떤 프로젝트든지 최상의 실력을 갖춘 사람을 적재적소에 배치하는 것이 가장 좋은 성공의 비결이다. 우리는 하나님의 은혜로 아이리스 선교사인 조 바인에게 우물프로젝트를 맡길 수 있었다. 그는 다른 나라에서 물 관리를 담당한 경험이 있었고, 지난 2년 동안 아이리스의 비행기 조종사로 섬겼다. 조는 모잠비크 남부와 말라위, 인도, 미국 등 전 세계에서 온 사람들을 비행기와 버스로 태워왔다.

또한 우리 우물팀에 말라위 출신의 최고 기술자 한 사람과 인도와 미국에 우물 시추장비를 공급하는 회사 출신인 제프 존슨이 합류했다. 제프는 아프리카 전역에서 우물을 개발한 경험이 있으며, 특별히 모잠비크에서도 우물을 판 경험이 있다. 우리는 몇몇의 모잠비크 사람들을 훈련시켜 나중에는 그들에게 이 일을 맡길 것이다. 조는 그들이 현장 경험을 통해 배우고 기계적 하자를 고칠 수 있도록 아이리스 본부에서 연습용 우물을 파는 훈련을 시키고 있다.

우리는 곧 8천여 명이 사는 임피리 마을에서 우물을 팔 것이다. 그

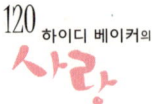

곳에는 우물이 하나도 없어서 마을 주민들이 매일 물을 길으러 몇 킬로미터를 걸어가야 한다. 이곳에 2개의 우물을 판 후에 우리는 4천 명 이상이 살지만 우물이 없는 나카라모 마을로 이동할 것이다.

이 우물들은 하이디가 오랫동안 품어왔던 꿈이었다. 그 꿈이 실현되는 것은 우리 모두에게 매우 감격스러운 일이다. 우리가 파는 우물들은 자연스럽게 지역 주민들이 모여 복음과 하나님의 사랑을 나누는 핵심 거점이 될 것이다. 이 복된 소식에 우리는 마을 사람들과 하늘의 천군천사들과 함께 기뻐한다.

그 사이 남아프리카 공화국의 아이리스 본부에서 놀라운 일들이 일어났다. 하나님은 그분의 뜻을 이루시기 위해 너무나 많은 현장에서 지금도 일하고 계신다! 우리의 친구인 진과 테이사 니콜의 보고를 들어보라.

남아프리카 엠보니스웨니에 '미가엘 어린이마을'(Michaels Children's Village)이 개소되었음을 알려드리게 되어 너무 기쁩니다. 이 꿈은 약 4년 전에 아이리스의 국제사역 이사인 서프라이즈 시트홀의 마음에서 시작되었습니다. 엠보니스웨니는 넬스프루트의 외곽에 있는 가난한 흑인 마을입니다. 서프라이즈와 그의 아내 트리피나는 이곳에 교회를 개척한 후, 지역사회에서 버림받고 학대받는 수많은 고아들을 위한 어린이센터가 절실하다는 것을 알게 되었습니다.

그래서 지역 교회의 기도의 용사들은 그곳에 어린이센터가 세워지고 부흥이 일어나도록 하나님께 기도했습니다. 드디어 2008년에 미국, 영국, 한국의 친구들을 통해 자금을 마련하여 필요한 부지를 매입했습니다!

2009년 7월 25일, 마침내 서프라이즈의 비전이 이뤄졌습니다. 우리는 기쁨으로 축하예배를 드렸고, 200명이 넘는 사람들과 지역 사회의 지도자들이 이 예배에 참석했습니다. 우리는 처음으로 두 집을 하나님께 바치는 너무나 큰 축복을 누렸으며, 새로 건립된 집을 돌볼 부모들과 함께 기념식을 가졌습니다. 그러나 이것은 시작에 불과합니다. 앞으로 더 많은 집이 기공될 것이며, 두 달 안에 아기들을 위한 새로운 집을 개관할 예정입니다.

남아프리카 공화국의 복지부는 현재 아이들을 공식적으로 우리에게 맡기기 위해 서류절차를 밟고 있습니다. 우리 주 예수 그리스도로 말미암아 우리에게 승리를 주시는 하나님께 깊은 감사를 드립니다.

그러므로 내 사랑하는 형제들아 견실하며 흔들리지 말며 항상 주의 일에 더욱 힘쓰는 자들이 되라 이는 너희 수고가 주 안에서 헛되지 않은 줄 앎이라 (고전 15:58)

이처럼 우리는 어느 곳에서나 솟아오르는 생수이신 주님의 표적을 본다. 우리가 낮은 곳으로 흘러가기로 결단할 때, 삶 가운데 우리는 쇠하고 그리스도께서 점점 더 흥하신다. 주님은 사람들을 만져주시고, 메마른 사막과 같은 그들의 삶에 생수를 부어주신다.

> ## 묵상의 시간
>
> 지존자의 은밀한 곳에 거주하며 전능자의 그늘 아래에 사는 자여, 나는 여호와를 향하여 말하기를 그는 나의 피난처요 나의 요새요 내가 의뢰하는 하나님이라 하리니 (시 91:1-2)

　　어떤 사람은 다음의 이야기를 우리가 지어낸 이야기라고 생각한다. 나는 왜 이런 이야기를 지어내야 하는지 이유를 모르겠다. 사실, 실제로 일어난 일들은 상상을 초월하는 것이었다. 나는 과거 그 어느 때보다도 이 기간에 기쁨과 고난의 잔에 대해 더 많은 것을 배웠다.

　　태풍이 모잠비크를 강타한 직후, 나는 하나님께서 계획하신 일정을 충실하게 지켰다. 하나님의 말씀을 따라 나는 배에 머물렀다. 그 다음 나는 하나님의 말씀대로 배에서 나와 복음을 전하러 옥스퍼드대학으로 갔다. 그리고 프랑스의 한 성당에서 역사적인 집회를 인도하기로 되어 있었다. 그런데 그 시간에 모잠비크 마푸토 근처의 짐페토에 위치한 우리 본부에서 약 1킬로미터 떨어진 곳에서 20톤의 화약이 폭발하기 시작했다.

　　섭씨 36도의 뜨거운 날씨로 인해 미사일 하나가 점화되었고, 이것이 기폭제가 되어 더 큰 폭발이 발생한 것이다. 아슬아슬하게 파편을 피한 우리의 아들 노베르토는 미사일이 폭발하는 와중에 우리에게 전화를 걸었다. 당시 2대의 미사일이 센터와 교회 단

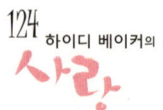

상과 행정실을 가격한 상태였다.

"어머니, 제가 어떻게 해야 하죠?"라고 물으며 노베르토가 흐느꼈다. 만일 내가 전화선을 통해 갈 수만 있었다면, 당장이라도 가고 싶었다. 그러나 나는 수천 마일 떨어진 곳에 있었다. 나는 그에게 "너와 아이들을 보호해주시도록 하나님 아버지께 기도해라"고 말했다. 노베르토는 공포에 떨었다. 나는 뜨겁고 간절하게 기도한 후에 여행사에 전화해서 비행기 표를 모잠비크행으로 바꿔 달라고 요청했다. 그러고 나서 우리는 계속 기도했다. 그러자 사람들이 하나님께서 나에게 하신 말씀과 동일한 말을 계속해서 전했다. "하이디, 저는 하나님께서 당신이 임무를 완수하길 원하신다고 생각합니다."

폭탄이 터지고 우리 아이들이 공포에 떨고 있는데, 설마 나보고 그 성당에 가란 말인가? 갈등하고 있는 순간 성당에서 전화가 왔다. 그들은 내가 반드시 와야 한다고 했다. 그들은 수백 년간 한 번도 가득 차 본 적이 없는 성당이 수사와 수녀들로 꽉 찰 것이라고 말했다. 어떤 상황에서든 당신의 임무를 완수하라! 결국 우리는 여행사에 다시 전화해서 "대단히 죄송하지만, 저의 비행기 표를 다시 바꿔줄 수 있나요?"라고 물었다.

짐페토에 있는 본부 사방에서 사람들이 죽어가고 있었다. 심하게 부상을 입은 수십 명의 사람들이 병원으로 실려 갔다. 어린이센터에도 화재가 났다. 그러나 혼란스러운 상황 중에 호세와 노베르토 목사가 놀란 아이들을 모아 비교적 안전한 건물로 피하여 함께 기도하고 예배를 드렸다.

그가 너를 그의 깃으로 덮으시리니 네가 그의 날개 아래에 피하리로다 그의 진실함은 방패와 손방패가 되시나니 너는 밤에 찾아오는 공포와 낮에 날아드는 화살과 어두울 때 퍼지는 전병염과 밝을 때에 닥쳐오는 재앙을 두려워하지 아니하리로다 (시 91:4-6)

감사하게도 아무도 다친 사람이 없었다. 어린이센터에 있는 아이들 중 단 한 명도 다치지 않았다. 주님은 그분의 날개 아래에 그들을 보호해주셨다. 선교사들 중 자신의 안전을 위해 도망간 사람이 한 명도 없었고, 그들은 모두 아이들을 보호하기 위해 자리를 지켰다.

그 사이 나는 프랑스의 한 성당에서 복음을 전했다. 그날 성령께서는 영적으로 굶주린 수사와 수녀들에게 긍휼과 자비와 격려와 치유와 기쁨을 부어주셨다. 영적으로 굶주린 사람들은 언제나 굶주린 것 같아 보이지 않는다. 그들은 옥스퍼드대학에서 공부하거나 수도원에 살지도 모른다. 하지만 하나님은 다 보시고, 주님은 다 아신다. 그리고 우리가 허락하기만 한다면, 주님은 그분이 우리를 어떻게 보시는지를 보여주실 것이다.

모든 일정을 마치고 짐페토로 돌아온 우리는 아이들을 안아주었다. 우리는 사람들이 흩어졌을 것이라고 예상했지만, 어느 누구도 떠나지 않았다. 이제껏 엄청난 홍수가 오고, 욕을 듣고 매를 맞고 감옥에 갔어도, 어느 누구도 떠나지 않았다.

그날 우리는 지금까지 드린 예배 중 가장 아름다운 예배를 드렸다. 우리는 아이들의 생명을 구원해주신 주님께 깊은 감사를 올려드렸다. 그런 뒤 우리는 밖으로 나가서 집과 가족을 잃은 이웃들을 찾아가서 섬겼다. 우리는 결핵으로 아버지를 잃고, 미사일

에 어머니를 잃은 세 고아를 데려왔다. 또한 사랑하는 아이를 잃은 엄마의 눈을 들여다보며 고난의 잔을 마셨다.

하나님은 오늘도 "너의 임무를 다하라"고 말씀하신다. 아무리 다른 곳으로 가야 한다는 생각이 들지라도, 상황이 아무리 나쁘더라도, 심지어 당신의 전 존재가 안전한 곳으로 도망가라고 외칠 정도로 처참한 벼랑 끝의 상황이라 할지라도 당신의 과업을 끝내라. 당신 안에, 그리고 당신을 통해 선한 일을 시작하신 이가 신실하게 역사하실 것이다.

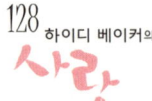

주님의 능력으로

"우리는 주님이 필요하다"

{ Rolland Baker }
롤랜드 베이커

만약 의사들의 말을 들었다면, 하이디와 나는 모두 죽었을 것이다. 몇 년 전, 하이디는 통제 불능의 스타프(staph) 감염으로 병원에 입원했었다. 의사들은 그녀에게 치료를 포기하고 묘비명이나 적어두라고 말했다. 그럼에도 불구하고 하이디는 심한 고통을 견디며 복음을 전했는데, 하나님께서 순식간에 그녀를 치료해주셨다. 다음날 아침, 그녀는 아무렇지도 않게 밖으로 나가 조깅을 했다!

또한 나는 4개월 전에 불치병인 치매라는 진단을 받았다. 당시 나는 겨우 목숨만 연명했다. 심지어 샤워를 하고 옷을 갈아입고 손톱을 깎을 때에도 다른 사람의 도움이 필요했다. 나는 내가 지금 어느 나라에 와 있는지도 알지 못했고, 아무것도 기억할 수 없었다. 하이디는 내가 온종일 간병인의 돌봄을 받을 수 있도록 방을 하나 마련해주었다. 의사들은 내가 오래 살 수 없으니 가족들을 부르라고 말했다.

온갖 안 좋은 진단과 상황에도 불구하고 신실한 친구 몇몇이 나를 독일의 기독교병원으로 보냈다. 믿음으로 충만한 그곳에서 나는 깨끗이 치료되었다. 현재 나는 다시 펨바로 돌아와 복음을 전하고 있으며, 여러 친구들과 스태프와 연합하여 사역하고 있다. 그리고 나는 수단, 콩고 그리고 하나님이 가라고 명하시는 곳이라면 어느 곳이든 선교의 전선을 확대하기를 소망하며 기다리고 있다.

살아계신 하나님의 능력이 없으면, 우리는 이 세상에서 제대로 기능할 수 없다. 그러나 여전히 많은 사람들이 우리의 능력이 어디까지인지, 그리고 주님을 절대적으로 의지하는 것이 어떤 것인지 온전히 인식하지 못한다. 우리에게는 살아 역사하시는 하나님이 필요하다. 건강을 위해서도, 성령 안에서 의와 평강과 희락을 얻기 위해서도 주님이 필요하다. 머지않아 사람들이 이 사실을 깨닫게 될 때가 올 것이다.

우리에겐 무엇보다 주님이 필요하다. 교회, 선교 프로그램, 재정 후

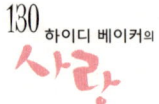

원보다 주님이 더 필요하다. 우리에겐 인간이 할 수 있는 그 어느 것보다 주님이 더 필요하다. 우리에겐 하나님의 선하심과 사랑을 통해 삶 가운데 부어지는 온전한 능력이 필요하다. 우리는 하나님을 깊이 알고 주님을 삶의 최고의 기쁨으로 여겨야 한다. 우리에게는 말할 수 없는 기쁨으로 즐거워할 수 있는 영광으로 가득한 능력, 주님의 나라를 경험하고 그분의 목적을 이뤄드릴 능력이 필요하다.

어떻게 해야 이런 능력이 우리에게 임하는가? 그것은 하나님의 은혜이며 선물이다. 주님은 우리 안에 결코 부인할 수 없는 갈망을 심으신다. 또한 우리의 눈을 열어 우리의 한계를 보게 하시고, 주님의 능력과 임재 없이 사는 인생의 빈곤함을 보게 하신다.

심지어 악한 영의 공격을 받는 중에도 우리는 주님의 능력 안에서 쉴 수 있다. 주님의 능력으로 인해 우리의 시선은 그분께 고정된다. 주님의 능력 안에서 우리는 모든 것에 대해 훈련받을 수 있다. 우리는 주님께 모든 염려를 맡길 수 있다. 왜냐하면 주님은 기꺼이 우리를 위해 능력을 사용하시기 때문이다.

그렇다면 하나님께서 우리를 사랑하시고 돌보시는지 어떻게 알 수 있는가? 답은 오직 십자가에 있다. 십자가로 나아갈 때, 우리는 주님께 다가갈 용기와 확신을 얻는다. 십자가가 능력이다. 모든 구원은 그곳에서, 오직 십자가에서만 얻을 수 있다. 우리는 그곳에서 우리를 향하신 주님의 마음을 알게 되며, 온전히 주님의 능력을 의지하는 법을 배운다.

밀림에서 경험한 주님의 능력

오늘 우리는 차를 타고 마을 전도를 하러 나갔다. 모잠비크에서 맛보는 삶의 기쁨이란 이런 것이다. 길은 어둡고, 다니는 차도 거의 보이지 않는다. 우리의 차 위에는 천막, 침낭 그리고 야영을 하는 데 필요한 모든 것이 실려 있다. 우리는 가능한 한 많은 사람들을 싣고 간다. 가는 도중에 함께한 방문객들에게 우리가 전도를 위해 어떻게 움직이는지, 어떻게 길을 따라 5킬로미터마다 교회를 세우는지를 설명한다. 7년 동안 우

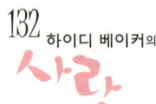

리는 마쿠아에서 1천 개 이상의 교회를 개척했다. 이곳은 카보 델가도 지역에서도 특별히 '사람들의 발이 미치지 않는' 지역이다.

칠흑과 같은 어둠을 뚫고 드디어 우리의 목적지에 도착했다. 밝은 전등과 스크린을 설치하자 마을 주민 전부가 모여들었다. 가까이 다가가서 보니 이웃 마을에서도 제법 많은 사람들이 왔다. 먼저 도착한 선발대가 발전기를 설치하고 음향시설과 비디오 프로젝터를 설치해 놓았다. 이곳은 이전에도 온 적이 있는 마을이라서, 많은 사람들이 우리의 찬양을 알고 있었다.

대개 집회에는 다양한 종족이 모이기 때문에 우리는 포르투갈어와 마쿠아어 두 언어를 사용한다. 하이디가 복음을 전하자 많은 사람들이 예수님을 믿었다. 그리고 우리가 병자를 위해 기도하자 두 명의 청각장애인이 치유를 받았다. 사람들은 노래하고 춤을 추며 그들의 마음을 쏟아냈다. 구원의 기쁨에 대한 열정적 표현으로 인해 먼지가 일어나 전등 조명에 앉는다. 이 지구의 외딴 곳에 천국이 임하고, 하나님께서는 택하신 백성을 방문하신다. 하나님의 능력은 사람들의 마음을 변화시키며 소망을 주신다. 그렇게 하나님의 나라가 또다시 전진해온다.

밤이 늦었지만 마쿠아팀이 우리를 위해 잔치를 베풀었다. 메뉴는 스파게티였다! 우리는 플라스틱 접시를 잔뜩 가져와 행복한 마음으로 스파게티를 담아 손으로 먹었다. 마을 아이들도 구름떼처럼 몰려와 함께 만찬을 나누었다. 식사가 끝나고 우리는 손전등으로 불을 밝혀 텐트를 치고 잘 준비를 했다. 도시의 불빛이 없는 밀림의 밤하늘에는 별들이 장엄하게 펼쳐져 있었다. 북반구에서 온 우리에게 남반구의 별자리들은 매우 이국적이었다.

더위를 물리치기 위해 짧은 바지로 갈아입고는 좁은 천막 안으로 기어들어가 기도하다가 어느새 스르르 잠이 들었다. 새벽이 되면, 온 마을이 깨어나고 움직일 준비를 한다. 하이디는 팀원들을 위해 커피를 만들었고, 모잠비크 친구들도 우리와 함께 새로운 음료를 맛보는 기쁨을 경험했다. 우리는 갈대와 진흙으로 지은 교회에서 예배를 드리고, 그곳에서 결혼식도 치렀다. 새로운 부부의 탄생을 축하하며 마을 사람들은 노래와 춤을 화산처럼 뿜어냈다. 그 기쁨이 어느새 우리 모두에게 전염되었다.

한편 마을 사람들이 새로 짓고 있는 교회 건물을 보러 갔다. 그런데 돈이 부족하여 외벽만 완성하고 지붕을 올리지 못하고 있었다. 우리가 지붕 자재를 살 돈을 충분히 건네주자, 그들은 매우 감동했다. 우리 팀원들은 그들에게 성경을 가르쳐주고, 에이즈에 걸리지 않도록 주의사항을 알려준 후, 격려와 축복기도를 해주었다. 모든 일정을 마치고 우리가 차에 오르자, 아이들이 무리를 지어 따라 달려왔다. 우리는 곧 다시 올 것이다!

집으로 돌아오는 길에도 우리는 또 새로운 사람들에게 복음을 전했다. 충분한 지원과 돕는 사람들만 있다면, 우리가 세울 수 있는 교회의 숫자에는 제한이 없어 보인다. 현재 이 지역 전체가 복음으로 인해 살아

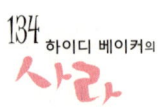

새로 짓고 있는 교회의 몸체

나고 있다. 가는 곳마다 가난한 자들이 복음을 환영하고 예수님께로 달려 나온다. 우리는 이제 막 주 안에서 가능한 일이 무엇인지를 깨닫기 시작한 것 같다. 분명 최선은 오지 않았다.

생일의 기쁨

반짝이는 옥색 대양은 더이상 아름다울 수가 없었다. 해맑은 얼굴의 아이들이 젖은 몸으로 해변을 뛰어다니며 점프도 하고 옆으로 재주도 넘는다. 또 다른 아이들은 첨벙거리며 물에 뛰어든다. 실바람에 부드럽게 움직이는 야자수와 뭉게구름이 자유와 평화와 기쁨이 가득한 풍경을 완성한다. 오늘 우리는 이 달에 생일을 맞은 학생들과 학업이 우수한 아이들을 축하할 예정이다.

한참을 신나게 놀고 난 후, 우리 모두 한데 모여서 선물을 나눠주었다. 생일을 맞은 학생들과 성적 우수자들은 한 사람씩 온갖 선물로 가득한 선물가방을 받는다. 그 다음 모든 학생들에게 케이크와 소다수를 나

받은 선물을 들고 환하게 웃는 아이와 하이디

눠주기 위해 줄을 세운다. 2살배기부터 청소년에 이르기까지 모든 아이들이 함께 풍성한 기쁨을 누린다.

주님의 생명을 노숙자, 처절하게 가난한 자, 잊혀진 자들에게 나눠주는 것이 바로 우리의 부르심이자 유업이다. 그들의 빛나고 아름다운 미소는 주님께서 주시는 상급이다. 우리는 이처럼 지극히 작은 자들에게 구원을 가져다주는 일을 사랑한다. 하나님의 능력이 없다면, 우리는 이곳에 존재할 수도 없다. 모든 축하행사와 선물꾸러미는 하나님의 사람들의 넉넉한 나눔이 없었다면 불가능한 것들이다.

성령께서는 우리의 열정과 긍휼에 불을 붙이신다. 우리의 존재의 이유와 강건함은 오직 주님에게서 온다. 그리고 이 모든 아이들을 향한 우리의 소망도 오직 복음에서 온다. 우리에게는 매일이 예수 안에 있는 생명을 축하하는 축제의 날이다. 왕이신 주님의 사역에 기도와 정성과 자원을 부어주고, 우리와 함께 기뻐하는 여러분 모두에게 감사를 드린다.

묵상의 시간

너희 안에 이 마음을 품으라 곧 그리스도 예수의 마음이니 그는 근본 하나님의 본체시나 하나님과 동등됨을 취할 것으로 여기지 아니하시고 오히려 자기를 비워 종의 형체를 가지사 사람들과 같이 되셨고 사람의 모양으로 나타나사 자기를 낮추시고 죽기까지 복종하셨으니 곧 십자가에 죽으심이라 (빌 2:5-8).

나는 브라질의 한 교회에 있었다. 당시 나는 바닥에 누워 있었는데, 하나님께서 굶어 죽어가는 사람들의 모습을 계속해서 보여주셨다. 그들은 비참한 굶주림 가운데 죽지 않고 살 수 있도록 음식을 달라고 아우성을 치고 있었다. 내가 이러한 환상을 보는 동안 집회에 참석한 사람들은 성령을 받아 기뻐하고 있었다. "주님, 이게 무슨 일인가요?" 너무나 대조적인 두 장면을 본 나는 의아한 생각이 들었다. 그러나 주님은 이내 나를 고난의 잔에서 풀어주시고, 나 역시 웃게 만드셨다. 내가 정신분열증 환자가 된 것일까? 결코 아니다.

이것이 바로 주님이 보시는 방법이다! 주님은 지옥을 관통해 천국을 보신다. 주님은 십자가 너머에 있는 자유를 보신다. 주님은 무덤 너머에 있는 영생을 보신다. 그리고 주님은 눈물을 관통해 웃음을 보신다. 사람들은 종종 내게 이 많은 아이들을 먹일 음식을 어떻게 다 만드느냐고 묻는다. 사실 음식은 내가 만들지 않는다! 요리에 대해선 롤랜드에게 물어보라. 나는 물도 태우는 사람이다. 우리 집에서 뭔가 타는 냄새가 나고 있다면, 내가 요리를 하고 있는 것이다. 그러나 하나님께서는 돕는 자들을 보내신다. 모든 것을 내가 다 하는 것은 아니다. 나는 모든 것을 다 할 수 없다.

너희 안에 이 마음을 품으라 곧 그리스도 예수의 마음이니 그는 근본 하나님의 본체시나 하나님과 동등됨을 취할 것으로 여기지 아니하시고 오히려 자기를 비워

근본 하나님의 본체이신 예수님은 하나님과 동등됨을 취할 것으로 여기지 않으셨다. 여기 영광의 왕이신 주님이 계시다. 주님은 어느 곳에도 머무실 수 있다. 주님은 어느 곳에도 가실 수 있다. 주님은 어떤 일도 하실 수 있다. 이렇듯 자신이 누구인지 잘 아셨던 주님은 어떻게 행동하셨는가? 주님은 우리를 위해 행하셨다. 주님은 종이 되기까지 자신을 비우셨다. 영광의 왕이신 예수님은 빌린 마구간, 염소와 닭이 가득한 곳에서 태어나셨다. 우리와 다를 바 없이 주님은 언어를 배우셔야 했고 누군가의 도움을 받아 옷을 입으시고 먹을 것을 드셔야 했다. 주님은 자신을 버리시고 언제나 다른 사람들을 더 소중하게 여기셨다. 주님은 자기의 왕국을 떠나셨고, 우리에게 어떻게 살아야 하는지를 보여주시기 위해 영광을 뒤로 하셨다.

우리가 뭔가를 꽉 붙잡으려고 할 때, 주님은 그것을 버리라고 말씀하신다. 주님은 모든 면에서 하나님과 완전히 같으신 분이지만, 자기를 비워 종이 되셨다. 주님은 자신을 낮추시고 죽기까지 순종하셨다. 이 얼마나 놀라우신 분인가! 우리가 해야 할 일은 지도자이신 주님을 따르고, 주님과 하나가 되어 주님이 보시는 것을 보고, 주님이 가시는 곳에 가고, 주님이 행하시는 것을 행하며, 주님이 기도하시는 것을 위해 기도하고, 주님이 사랑하시는 것처럼 사랑하는 것이다.

이렇게 살면 우리는 '그리스도의 마음을 가지고' 모든 재앙을 다른 눈으로 보게 될 것이다. 우리는 지옥을 관통해 천국을, 십자가를 통해 자유를, 무덤을 넘어 영생을, 그리고 눈물을 통해 웃음을 보게 될 것이다. 하나님은 너무나 크시기 때문에 우리가 뭔가를 꼭 잡아야 할 필요가 없다. 심지어 우리는 자신을 버릴 수 있다. 왜냐하면 그리스도께서 우리 안에 거하시기 때문이다. 영광의 소망이신 그리스도께서 당신 안에 사시기 때문이다. 주님은 충분하고도 남는 분이시다.

주님의 영광과 능력을 실어나르는 우리는 자신을 낮추고 언제나 다른 사람들을 더 중요하게 생각한다. 우리는 그리스도의 눈으로, 믿음의 눈으로 본다. 우리는 현재의 모습을 지나 미래의 모습을 본다. 그리고 우리는 주님이 기도하시는 것을 위해 기도하고, 주님이 가시는 곳으로 가며, 주님이 사랑하신 것처럼 사랑한다. 이렇게 할 때, 우리는 생명을 알되 충만하게 알게 될 것이다.

> 너희 안에서 행하시는 이는 하나님이시니 자기의 기쁘신 뜻을 위하여 너희에게 소원을 두고 행하게 하시나니 (빌 2:13)

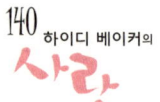

Chapter 10 주님의 능력으로

Chapter 11
퍼져가는 하나님 나라

―― "가라, 가라, 가라!" ――

{ Rolland Baker }
롤랜드 베이커

    처음 론도에 도착했을 때, 배의 갑판에서 보니 해변 너머에 나무막대와 진흙으로 지은 움막들이 옹기종기 모여 있었다. 그 마을은 반짝이는 바닷가 위쪽 언덕에 있었다. 이 마을은 우거진 밀림 때문에 바다를 통해서만 접근할 수 있는 외진 곳이었다. 우리가 이곳에 상륙하기 전까

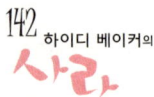

지 론도 사람들은 오랫동안 예수님의 이름조차 들어본 적이 없었다. 그러나 주님의 사랑과 능력에 대해 배우자 그들은 주저함 없이 마음을 열었다. 이제 주님은 이 마을을 놀랍게 변화시키고 계신다.

우리는 펨바 본부에서 약 1시간 동안 만(灣)을 가로질러 파도를 뚫고 그곳에 도착했다. 남녀노소할 것 없이 마을 전체가 우리 배로 몰려들었고, 마마(Mama) 하이디와 우리 팀원들을 보고 크게 놀랐다. 우리는 언제나 하늘 아버지가 주시는 사랑의 선물을 들고 온다. 우리는 조심스레 짐(배터리로 작동되는 음향시스템, 아이들에게 줄 선물들, 그리고 많은 양의 막대사탕과 음료들)을 내렸다.

그 사이 우리는 론도에 학교와 교회를 세웠다. 그곳에 함께 모여 우리는 모든 만물을 창조하신 주님을 찬양하며 즐거운 시간을 보냈다. 우리의 좋은 친구 인도네시아인 멜 태리는 태평양의 외딴 섬에서 예수님을 만난 영광스러운 경험에 대해 설교했다. 이어서 우리는 크리스마스 연극을 올렸다. 연극은 너무 재미있었고, 아이들은 크게 감동했다. 우리는 어린이들 모두에게 가방과 막대사탕을 선물하고, 음료수를 나눠주었다.

그날의 하이라이트는 이곳 론도의 학교에 다니는 다양한 연령대의 우수한 학생들에게 상을 주는 것이었다. 이 학교가 세워지기 전까지 이곳의 어느 누구도 교육을 받아본 적이 없었다. 그래서 모든 것을 바닥부터 시작해야 했고, 교과서와 종이, 연필 그리고 교사까지 많은 것이 필요했다! 우리는 어른들의 문맹퇴치 과정을 추가하여, 현재 나이 많은 어른들이 처음으로 글을 배우고 있다.

예수님은 론도를 잊지 않으셨다! 주님은 우리를 붙들어 주셔서 수많은 도전들을 통과하게 하신다. 이는 우리가 계속해서 이 마을 사람들을 사랑하고, 외지고 거친 카보 델가도 지역에서 더 많은 모잠비크 사람들을 전도하기 위함이다. 우리는 이곳에 온지 7년 만에 1천 개 이상의 교회들이 세워지는 것을 목도했다. 그러나 우리는 하나님이 하실 수 있는 일을 이제 막 보기 시작했을 뿐이다.

떠나야 할 시간이 되자 우리는 배로 내려가 예수 안에서 놀랍게 맺어진 마을의 가족들에게 손을 흔들며 작별의 인사를 나눴다. 우리는 다시 돌아올 것이다.

넓은 대양으로 향하자 커다란 파도가 뱃전을 때리고, 우리는 파도에 온통 젖는다. 이 파도 속에서 우리는 이전보다 더 강력한 성령의 바람과 생수를 본다.

밀림에서의 추수감사절

우리 팀원들은 지금 밀림 속 마을의 한 마당에 서 있다. 어두운 밤, 별들이 하늘을 덮고 달은 밝게 빛난다. 참으로 아름다운 밤이다. 펨바에서 가져온 커다란 트럭은 우리의 설교단이다. 우리의 충성스러운 발전기

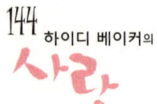

가 부지런히 돌아가며 음향시스템과 조명에 전력을 공급한다. 하이디는 그 빛을 배경으로 움직인다. 열정에 찬 그녀는 생생한 이야기와 더불어 복음을 설명한다. 온 마을 사람들이 아이들과 함께 말씀을 듣는다. 아이들은 앞줄에 앉아 귀를 쫑긋 세운다. 넘치도록 부어주시는 은혜에 마을 사람들은 아프리카 특유의 찬양과 춤으로 기쁨을 표현한다.

우리는 이전에 이곳에 온 적이 있다. 그 사이 마을 사람들은 대부분 열정적인 신자가 되었고, 교회도 세워졌다. 이렇게 교회들을 다시 방문하여 성령의 불길이 계속해서 타오르도록 하는 것은 너무나 기쁘고 즐거운 일이다. 언제나 그렇듯이 병자를 위해 기도하자 두 사람의 병이 치유되었다. 그 중의 한 사람은 마을 목사님의 사위이다. 두 사람은 오랫동안 듣지 못했지만, 지금은 말하는 법을 배우고 있다. 하나님의 능력이 마을 사람들에게 알려지자 그들의 믿음이 자라 천국을 향한다.

하이디와 나는 그 마을 목사님의 가정에 초청을 받아 식사를 했다. 우리는 예기치 못한 추수감사절 식사에 깊은 감동을 받았다. 집 안에는 평범한 식탁, 작은 나무의자들, 로프로 만든 침대와 줄에 걸려 있는 몇 가지 옷 외에는 아무것도 없었다. 우리는 우리를 초청한 가정이 그들이 할 수 있는 가장 특별한 음식을 준비했다는 것을 알았다. 이들은 1년에 한 번 닭을 먹는다. 그런데 그날 우리를 대접하기 위해 깡마른 닭 한 마리를 잡았다. 우리는 닭고기와 옥수수를 갈아 만든 케이크를 맛있는 소스에 찍어 먹었다. 목사님 가족이 대접한 최고의 음식을 받아들고 우리는 하나님의 풍성한 사랑에 흠뻑 젖었다. 마침내 떠날 시간이 되어 감사의 인사를 전한 후 우리는 텐트로 돌아와 깊은 잠에 빠졌다.

아침 일찍 일어났을 때, 내리쬐는 따가운 햇살에 금세 땀이 났다. 커피와 빵을 먹고 교제를 나눈 후, 우리는 마을 사람들과 함께 새로 지은 어린이집을 헌당했다. 우리는 현재 교회를 중심으로 고아들을 돌보는 시스템을 개발하고 있다. 이 시스템은 목회자 한 사람이 12명의 고아를 돌보는 것이다. 우리는 고아들을 위해 기도하기 위해 어린이집에 모였다. 이제 그들은 더이상 고아가 아니며 하나님의 가족에 온전히 입양되었고, 그리스도의 몸이 되었다. 목사님과 사모님과 그들의 돌봄을 받게 된 새

로운 자녀들이 환하게 웃는다. 우리는 현재 준비 중인 어린이후원프로그램을 통해 이곳을 비롯한 모잠비크 전역의 수많은 아이들이 후원과 도움을 받을 수 있도록 기도하고 있다.

한편 어린이집 밖에서 놀라운 일이 벌어졌다. 근방에 사는 모슬렘 지도자들이 모자와 가운을 입은 채 찾아온 것이다. 전날 밤 청각장애인이 치유를 받았다는 소식을 들은 그들은 우리에게 기도를 받고 싶어 했다! 그들은 귀한 선물(비둘기 두 마리와 수탉 한 마리)도 가져왔다. 우리가 예수의 이름으로 기도했을 때, 주님은 그들은 만져주셨고 치유해주셨다. 기쁨으로 입이 벌어진 그들에게 우리는 태양전지 오디오 성경을 주었다. 이처럼 십자가와 하나님의 사랑에 대한 지식이 이 지역에 계속해서 널리 퍼져가고 있다.

{ Heidi Baker }
하이디 베이커

주변의 울창한 나무 사이로 비가 쏟아지고 있다. 일단의 모잠비크 사람들이 비를 피하기 위해 한곳에 빼곡히 모였다. 우리는 가능한 한 많은 사람들이 비를 피할 수 있도록 장대를 세워 교회 지붕과 연결하여 비닐을 쳤다. 그러나 비가 너무 많이 쏟아져 상황이 좋지 않았다. 그러한 중에 부흥회를 여는 것은 불가능해 보였다. 우리는 인함바네 행정구에서 밀림 컨퍼런스를 열 참이었다. 그곳은 방문한 적이 거의 없는 곳이었지만, 수백 마일 떨어진 곳에서까지 사람들이 찾아왔다. 그들의 영혼과 육신은 모두 굶주려 있었다. 그래서 나는 시간을 최대한 유용하게 사용할 수 있도록 성령께서 모든 것을 다스려 주시길 기도했다. 그러나 언제나 원수는 상황을 망치려 한다.

빗소리가 커지자 뒤쪽에 서 있던 사람들은 소리를 거의 알아듣지 못했다. 이런 상황 중에 성령께서 하실 수 있는 일은 무엇일까? 사실 주님이 하실 수 있는 일은 많다! 주님은 모인 회중들을 귀신의 억압에서 풀어주셨다. 얼굴에는 눈물이 흘러내리고, 감격과 환희 속에 사람들은 하늘을 향해 손을 높이 들었다. 크나큰 울부짖음이 하늘로 올라갔다. 나는 회중을 향해 귀신으로 인해 고통과 괴로움을 당하고 있는 사람들은 일어나라고 했다. 그러자 거의 모든 사람이 일어섰다. 모잠비크에서는 너무 많은 사람들이 자신의 절실한 필요를 채우기 위해 무당을 찾아가 여러 차례 기대와 실망을 거듭한 후에야 하나님을 찾는다. 이러한 혼돈 가운데 주술과 귀신의 능력이 판을 치는 것이다.

나는 그들에게 악한 영의 세력에서 풀려나 깨끗하게 되고 주님의 보호하심을 받으려면 죄를 일일이 고백하라고 말했다. 그 순간 성령께서 강력하게 임하셔서 사람들은 자비와 도움을 구하기 위해 큰 소리로 회

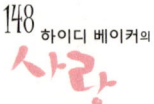

개했다. 청중의 압도적인 기도소리에 나는 말씀을 전할 수가 없었다. 대신 우리는 가능한 한 많은 사람들에게 안수했다. 우리는 모든 악한 영의 세력을 꾸짖었다. 마침내 모든 사람들에게 깊은 평화와 안도감이 찾아왔고, 예배의 뒷부분은 부드럽게 흘러갔다.

그런데 갑자기 전기 공급이 끊어졌다. 우리는 어둠 가운데 앉아 오직 세찬 빗소리만 들을 뿐이었다. 그러나 이윽고 사람들이 반주도 없이 찬양하기 시작했다. 그들의 순수하고 강력한 목소리가 아프리카 특유의 화음과 리듬에 섞였다. 이런 예배를 드릴 때면 온몸에 전율이 흐른다. 진흙탕 속 폭우 가운데 치러지는 작은 컨퍼런스에서 우리는 천국을 맛보았다.

며칠 후, 우리는 경비행기를 타고 북쪽의 소팔라 행정구로 떠났다. 모잠비크의 광활한 땅에 엄청나게 많은 가족들이 있다는 것을 생각하면 경이감에 사로잡힌다. 이제 1만 개가 넘는 교회들이 이 땅에 견고하게 세워지고 있다. 성령께서는 기적적으로 교회들을 묶어주셨으며, 그곳이 겸손하고 성령 충만한 신자들의 세상으로 변화되도록 우리에게 돕는 마음을 주신다. 그들은 오직 예수 그리스도의 보혈로 구원을 받은 자들이다.

복음을 전하는 자전거

우리의 목회자들은 수년 동안 믿음과 인내심을 가지고 기다렸다. 드디어 브라질 쿠라티바에 있는 한 교회가 이들을 위해 수십 대의 자전거를 보내주었다. 그리고 그 자전거가 이제 막 도착했다.

우리 목회자 중 어떤 이들은 교회를 개척하기 위해 비와 진흙탕과 더위를 뚫고 밤낮으로 하루에 10마일, 20마일, 30마일까지 걸었다. 이제 그들은 자전거를 타고 남풀라 행정구 전 지역을 다니며 복음을 전하고 교회를 개척할 수 있게 되었다. 어느덧 밤이 되어 날씨는 덥고 습하다. 대도시에 위치한 우리 교회들은 대부분 사람들로 빽빽이 들어차 있지만, 형편이 어려워 전등도 몇 개 없다.

우리는 자전거를 받을 사람을 한 사람씩 불러냈다. 앞으로 나온 그들에게 안수를 하고 자전거를 한 대씩 주었다. 자전거마다 기름을 바르고 천사들과 성령의 능력이 그들이 가는 곳마다 함께하시길 기도드렸다.

이 지역에서는 많은 사람들이 죽었다가 살아났다. 그리고 특별히 병이 들어도 의학적 치료를 받지 못하는 처절하게 가난한 사람들에게 예수님의 이름이 잘 알려져 있다. 이 지역의 귀신들은 모든 수단을 동원해 우리에게 대항하지만 결국에는 쫓겨난다. 오늘도 나는 복음을 전하며 영적으로 굶주린 자들은 앞으로 나와 기도를 받으라고 초청했다. 선교사들과 목회자들과 함께 가능한 한 많은 사람들에게 안수했다. 성령께서는 그들의 믿음과 갈망에 따라 주님이 원하시는 대로 각 사람을 만져주셨다. 귀신 들린 한 어린 소녀는 바닥에 누워 몸부림쳤다. 아이리스의 선교사인 안토이네트가 기도하고 위로해주자, 소녀는 이내 조용한 가운데

평화를 되찾았다. 그리고 그녀는 잠잠히 기뻐하며 미소를 지었다. 그 소녀는 그날 아름다운 천국의 환상을 보았다고 했다.

모든 일정을 마친 후, 우리는 늦은 시간까지 문을 연 작은 레스토랑에 들어가 하나님께서 우리 가운데 행하신 것을 다시 한 번 되새겨보았다. 가능성이 전혀 없어 보였던 일들이 모든 한계와 역경을 넘어 실현되고 있었다. 하나님은 이 지역 목회자들에게 사랑과 인내와 결단과 믿음과 환상을 부어주고 계셨다. 그로 인해 몇 년 전에는 결코 기대할 수 없었던 기적적인 성장을 달성하고도 남았다. 더불어 우리의 의욕도 나날이 자라갔다. 주님께서 더 많은 일을 하실수록, 우리는 그만큼 그분을 더

갈망했다! 우리는 이곳에서 주님의 임재가 멈추지 않고 계속 더 커지길 기도한다.

졸업!

다음은 우리 하비스트선교학교와 성경학교의 졸업식 이야기이다. 펨바 본부에서 열리는 졸업식의 가장 큰 특징은 그날이 바로 예배의 날이라는 것이다. 졸업식에는 흑인과 백인, 부자와 가난한 자, 외국인과 내국인이 모두 함께한다. 거의 3개월간 지속된 수업과 전도가 드디어 끝났다.

굉장한 축하행사가 이어지고, 사람들의 가슴은 찬양과 감사로 벅차오른다! 많은 사람들이 성령의 강력한 임재와 다양한 감정을 느끼는 것 같았다. 얼굴은 온통 땀으로 뒤범벅되지만, 기쁨으로 충만했다. 선교사들은 목회자들을 위해 기도하고, 목회자들은 학생들을 위해 기도하고, 학생들은 교사들을 위해 기도했다. 모든 사람이 서로를 위해 기도해주었다!

강사인 멜 태리는 축하의 메시지로, 하나님께서 목회자와 학생 각 사람을 향해 갖고 계신 뜻과 그 과정 중에 있는 이날의 중요성에 대해 이야기했다. 마을 목회자들이 "가라, 가라, 가라"라는 찬송을 함께 부르는 모습은 무척이나 감동적이었다. 그들은 자신들이 받은 모든 사랑과 능력을 힘입어 복음을 들고 이 나라의 끝까지 갈 것이다. 또한 우리는

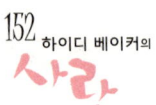

'기도의 집'에서 가진 하비스트선교학교 졸업식

온갖 종류의 도전에 직면할 그들의 안전과 건강과 능력과 기름부음을 위해 기도했다. 특히 우리는 학생 선교사들을 위해 기도했다. 그들도 자신의 소명을 따라 온 세계를 다닐 것이다. 지금도 많은 사람들이 아이리스의 장기선교사가 되기 위해 인터뷰를 한다. 이런 역사의 현장 가운데 있는 우리는 참으로 축복 받은 사람들이다!

묵상의 시간

나는 비천에 처할 줄도 알고 풍부에 처할 줄도 알아 모든 일 곧 배부름과 배고픔과 풍부와 궁핍에도 처할 줄 아는 일체의 비결을 배웠노라 내게 능력 주시는 자 안에서 내가 모든 것을 할 수 있느니라 (빌 4:12-13)

나는 사도 바울이 말한 이 비밀을 배웠다! 그것을 배우는데 30년이 걸렸지만, 이제는 그 비밀을 안다고 믿는다. 나는 그것을 거품이 가득한 욕조에서 배웠다! 모든 상황 속에서 만족하는 법을 배운 것이다. 나는 그리스도께 붙잡힌 바 되어 그리스도와 주님의 부활의 능력을 아는 법, 그리고 고난 가운데 주님과 교제하는 법을 배우고 있다.

나는 주님이 보시는 것을 보고, 그분이 가시는 곳으로 가고, 그분이 느끼시는 것을 느끼는 법, 즉 그저 지도자이신 주님을 따르는 법을 배우고 있다. 나는 그분의 죽으심 안에서 주님처럼 되고, 어떻게든 주님의 부활에 참여하려 한다. 나는 계속 전진하고 멈추지 않을 것이다. 나는 내 영혼이 육신에 머무는 동안 부지런히 열매를 맺을 것이다. 나는 그리스도께 붙잡힌 바 된 삶을 살 것이다. 주님은 당신과 나를 보시면서 말씀하신다. "나는 너를 원한다." 주님은 당신을 붙드시기 위해 죽으셨다. 주님은 당신이 그분처럼 살도록 하시고자 십자가에서 죽으셨다. 얼마나 놀라운 구세주이신가!

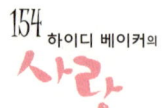

나는 뒤에 있는 것, 즉 나의 모든 죄, 실수, 어리석은 짓을 잊고 상급을 바라보며 승리를 향해 전진할 것이다. 그러나 이 모든 일을 하는 중에도 안식할 것이다. 왜냐하면 내가 이 비밀을 배웠기 때문이다.

나는 가진 것이 매우 적은 자들과 일한다. 우리는 궁핍한 처지에 있는 사람들과 아이들을 섬기며 흙바닥에서 일한다. 그러나 나를 초청한 사람들은 우리를 축복하고 싶어서 거품이 나오는 욕조가 있는 호텔에서 우리를 재우려 했다. 그러나 나는 그런 욕조를 원치 않는다. 왜냐하면 차라리 그 돈을 가지고 좀더 많은 사람들을 돕는 데 썼으면 하고 바라기 때문이다. 그래서 나는 숙소를 모텔로 옮겨달라고 부탁했다.

그러나 숙소를 다른 곳으로 옮기는 것이 친절을 베풀고 싶어 하는 그들의 마음을 상하게 한다는 것을 알게 됐다. 선교 현장을 지키는 것은 무척 힘든 일일 수 있다. 콩과 쌀밥을 먹다가 때론 뷔페 음식을 먹기도 하고 굶을 때도 있다. 깨끗한 물을 먹다가 마실 물조차 없을 때도 있다. 그러나 어떤 때는 주님께서 "하이디, 멈춰라. 너는 여기 머물러 거품이 가득한 욕조에 들어가 몸을 담가야 한다"라고 말씀하시기도 한다.

"몸을 담그라고요?"

"그렇다. 이를 받으라." 그래서 나는 따뜻한 욕조에 들어가 풍성하게 피어오른 거품을 바라보았다. 우리가 사는 곳에는 수돗물이 나오지 않는다. 밀림에서는 밖에서 텐트를 치고 생활한다. 거기에는 화장실도 없고, 모든 것이 불편하다. 심지어 모든 사람들이 우리의 일거수일투족을 다 지켜본다.

배부름과 배고픔과 풍부와 궁핍에도 처할 줄 아는 일체의 비결을 배웠
노라 내게 능력 주시는 자 안에서 내가 모든 것을 할 수 있느니라

모든 일 가운데 우리는 즐거워할 수 있다. 모든 상황 속에서 주님이 공급하실 것이다. 주님은 우리가 탈진하거나 낙망하거나 피곤하거나 압도되도록 내버려두지 않으실 것이다. 우리는 오직 주님의 은혜로 충분하며, 주님과 그분의 능력으로 일하기도 하고 쉴 수도 있다.

펨바에서의 크리스마스

"아직 최선의 것은 오지 않았다!"

{ Rolland Baker }
롤랜드 베이커

비가 오는 어두운 날은 펨바에서 흔하지 않은 날씨다. 구름이 조금 끼긴 했지만, 드디어 여름이 왔다. 덥고 습한 날씨에 선풍기 바람이 꽤나 시원하게 느껴진다. 여기는 남반구라 여름에 크리스마스를 맞는다. 사계절 내내 더운 이곳에서 눈이 오는 화이트 크리스마스를 기대할 순 없지만, 우리는 우리 식으로 크리스마스를 축하한다. 올해에도 어김없이 그 분위기가 서서히 고조되고 있다. 크리스마스를 앞두고 주님께서 그동안 이곳 펨바의 아이리스 가족들을 어떻게 축복하셨는지를 상고해 보니 기쁨과 감사가 넘친다. 집 앞으로 펼쳐진 대양은 폭풍전야의 회색빛깔이지만, 성령께서는 주님의 모든 광채와 평화로 우리를 덮으신다.

크리스마스를 기념하기 위해 우리는 아이들과 함께 해변에서 큰 파티를 열었다. 그날은 날씨가 매우 좋았고, 훈훈한 바람에 야자수가 바스락거렸다. 언제나 그렇듯 아이들은 펨바의 멋진 바닷가에서 뛰거나 제비

아이들과 함께한 해변에서의 즐거운 크리스마스

를 넘거나 물장구를 치며 마음껏 놀았다. 그리고 우리 모두는 한데 모여 재밌는 게임을 했다. 아이들의 빛나는 미소와 행복에 찬 웃음소리를 보고 듣는 것은 그야말로 환상적인 일이다.

우리는 모래밭에서 달리기를 하였다. 아이들은 결승선을 향해 온 힘을 다해 뛰었고, 한 줄로 선 선교사들은 팔을 벌리고 아이들을 안아 주려고 기다렸다. 마침내 긴장감 넘치는 경기가 끝나고, 우리는 음료수와 함께 포장한 선물꾸러미 수백 개를 아이들에게 건네주었다. 기뻐하는 아이들을 보며 우리가 계속해서 그들 각 사람을 잘 돌보고, 그들이 주님을 아는 지식과 그분의 사랑 안에서 잘 성장하기를 기도했다.

그 다음 우리는 마링가나로 이동했다. 이곳은 펨바에서 수마일 떨어진 해변으로, 아직 개발이 안 된 야생지역이다. 우리는 이곳의 땅을 새로 사들여 대형기도원을 세웠다. 기도원은 사방이 열린 원형모양의 건물로 지붕을 초가로 얹어 바람이 잘 통하였다. 이곳에 도착하자 이미 건설 노동자들과 도우미, 요리사, 교사, 보모, 행정직원들이 와서 자리를 가득 메웠다. 그들은 모두 우리와 함께 일하는 아이리스 가족들이다.

이들 중 많은 사람들이 아이리스에 오기 전에 한 번도 크리스마스뿐 아니라 하나님의 풍성하시고 은혜로우심을 경험하지 못했다. 이 사실을 알게 된 하이디와 나는 그들에게 가능한 한 가장 멋진 시간을 선물하기로 했다. 우리는 발전기와 음향시스템을 설치한 후, 작년에 제작한 마쿠아 전통 예배음악에 맞춰 아프리카식 춤을 마음껏 췄다.

늦은 오후까지 우리는 정말 즐거운 시간을 보냈다. 저녁이 되자 우리는 바다에 비친 환상적인 아프리카의 석양을 즐겼다. 우리는 그들의 수고에 대해 감사하고, 주님의 이름으로 사역자들을 축복해주었다. 매우 특별하게 요리된 닭고기와 밥을 저녁으로 먹은 후, 대형 조명등을 켜고 계속해서 주님의 탄생을 축하하고 예배했다. 모든 순서를 마친 다음 아프리카 풍습에 따라 서로 입맞추고 안아주었다. 모든 사역자들은 앞으로 나와 선물을 하나씩 받았다. 오늘 우리 모두는 다시 한 번 주님의 선하심을 맛보고 목도하였다.

크리스마스 축하예배

우리는 주일 아침 예배를 8시에 기도와 중보로 시작한다. 10시쯤 되면 교회는 센터와 펨바 전 지역에서 온 어른들과 아이들로 넘쳐난다. 예배는 항상 예측할 수 없다. 우리 예배에서는 다양한 그룹들이 노래하고 춤을 춘다. 우리는 온 마음을 다해 예배하며, 모잠비크인들과 외국인들이 한데 어울려 서로를 위해 기도한다. 우리 아이들은 방문객들에게 안수하고 그들을 축복한다.

오늘은 모잠비크 형제들이 크리스마스 연극을 하는 매우 특별한 날이다. 무대에는 천사와 목자, 마리아와 요셉, 말, 염소, 건초, 구유 그리

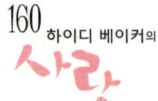

고 진짜 아기가 예수님으로 등장한다. 모잠비크 방문객 중 많은 이들이 성경에 대해 잘 모른다. 하지만 이 연극을 통해 크리스마스의 특별한 이야기가 그들의 마음속에 각인될 것이다. 하나님께서 놀라운 선물인 그분의 아들을 이 세상에 선물로 주신 것을 감사하며 즐거워하는 가운데 예배의 물결이 사람들을 휩쓸고 지나간다.

한편 열흘 동안 여러 마을 다니며 전도를 하러 간 세 무리의 선교학교 전도팀이 이제 막 펨바로 돌아왔다. 그들은 흥분으로 압도되었다. 시각장애인이 눈을 뜨고, 청각장애인이 들으며, 세 번이나 오병이어의 기적을 경험했다. 이와 같은 기적을 통해 복음을 생생하게 전할 수 있다는 것은 얼마나 큰 특권인가!

크리마스를 맞아 우리는 하나님께서 여러 모양으로 우리와 동역하게 하신 전 세계의 형제자매들에게 그 어느 때보다도 감사를 드린다. 그리고 모두가 사랑으로 역사하는 믿음을 더욱 갈망하기를 바란다. 중요한 것은 이것뿐이다. 다 함께 우리 앞에 놓여 있는 것을 향해 전진하자. 아직 최선의 것이 오지 않았다!

묵상의 시간

그의 신기한 능력으로 생명과 경건에 속한 모든 것을 우리에게 주셨으니 이는 자기의 영광과 덕으로써 우리를 부르신 이를 앎으로 말미암음이라 이로써 그 보배롭고 지극히 큰 약속을 우리에게 주사 이 약속으로 말미암아 너희가 정욕 때문에 세상에서 썩어질 것을 피하여 신성한 성품에 참여하는 자가 되게 하려 하셨느니라 (벧후 1:3-4)

우리에게 필요한 것은 오직 주님의 신적인 능력뿐이다! 우리는 살아 계신 하나님의 능력을 믿으며, 그 믿음을 우리의 가정과 직장과 선교지로 가져갈 수 있다. 우리는 모든 황폐함과 고난을 하나님께서 우리를 통해 역사하시는 기회로 여길 수 있다.

고난은 예수님이 보시는 것을 보는 것이다. 기쁨은 예수님이 하시는 것을 행하는 것이다. 무리의 배고픔을 보셨을 때, 주님은 어린 아이의 점심을 하늘 아버지께 드리셨고, 그것을 다시 제자들에게 주셨으며, 제자들은 그것으로 수많은 군중을 먹였다. 예수님은 당신을 통해 그분의 거룩한 목적을 이루길 원하신다. 당신을 포함하여 이 진리에 대해 예외인 사람은 한 명도 없다. 당신이 아직 주님께 자신의 삶을 드리지 않았다 할지라도 그렇다. 예수님을 만나 주님이 바라시는 삶을 살라. 당신의 삶을 주님께 드리는 순

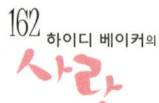

간, 주님은 당신에게 무언가 할 일을 주시고 그 일을 잘 수행할 수 있도록 다양한 수단과 도구를 주실 것이다.

교회 안에서 우리는 종종 이기적인 야망 때문에 사람들을 누르거나 밀쳐낸다. 이에 대해 성경은 이렇게 말한다.

> 아무 일에든지 다툼(selfish ambition)이나 허영으로 하지 말고 오직 겸손한 마음으로 각각 자기보다 남을 낫게 여기고 각각 자기 일을 돌볼뿐더러 또한 각각 다른 사람들의 일을 돌보아 나의 기쁨을 충만하게 하라
> (빌 2:3-4)

개인적 야망(selfish ambition, 우리말 성경에는 다툼이라고 번역되어 있음 - 역주)을 위해 무언가를 하지 말라. 우리가 죽은 후에야 자녀들을 풀어줘서는 안 된다. 우리는 이미 죽었고, 죽은 자 가운데서 부활했다. 사랑하는 자여, 그러므로 그들과 함께 달리자.

주님의 거룩한 능력으로 우리는 경건한 삶에 필요한 모든 것을 받았다. 주님은 그분의 영광과 덕으로써 우리를 자기의 것으로 부르신다. 하나님은 주님의 자녀인 우리를 불러 그분의 거룩한 성품에 참여케 하신다. 우리는 주님처럼 되었다! 주님은 우리가 그분과 함께하여 힘을 얻고 충만해질 정도로 충분히 자신을 먹으라고 말씀하신다. 그리고 우리가 약해지거나 절망하지 않도록 날마다 주님을 먹고 마시라고 하신다. 주님을 먹고 마신 후에 우리는 주님의 몸을 다른 사람들에게 전해준다. 주님은 하늘에서 내려오신

산 떡이다. 우리는 우리의 받은 것을 풍성하게 하고, 예수 그리스도의 영광과 신의 성품을 전달하라는 부르심을 받았다.

예수님께 우리의 눈을 열어달라고 간구하라. 주님께서 우리를 강하게 하시고 충만케 하시길 간구하라. 우리가 주님과 함께하고 그분 안에 거하기 위해, 주님의 영광과 선하심으로 우리를 준비시켜 주시도록 간구하자. 이러한 삶은 얼마나 놀라운가!

Chapter 12 펨바에서의 크리스마스

Learning to Love

Part 3
사랑은 무능하지 않다

Chapter 13

아직 오지 않은 최선을 향해

"주님은 하실 수 있으며 간절히 원하신다."

{ Rolland Baker }
롤랜드 베이커

 이제 봄이다. 하이디와 나는 다시 펨바로 돌아왔다. 1월 이후로 우리는 아시아와 유럽, 아프리카 대륙의 여러 나라를 돌며 매우 바쁜 일정을 보냈다. 전 세계의 굶주린 신자들에게 임하는 하나님의 능력을 보는 것은 매우 감동적인 일이다. 그리스도의 몸은 점점 더 하나님을 갈망하고,

주님의 임재와 교제를 경험하기 위해 어떤 대가도 기꺼이 치를 것이다. 주님과 함께하며 단순한 믿음으로 모든 간구와 필요를 아뢰고 그분만을 의지하는 것보다 더 큰 기쁨은 없다.

우리가 주님을 얼마나 더 원하는지! 주님은 성령을 한량없이 부어주실 수 있으며, 기꺼이 그렇게 하시는 분이다. 우리는 성령 안에서 더 많은 의와 평화와 기쁨을 맛보길 원하며, 계속해서 그러한 갈망을 잃지 않기를 기도한다. 우리는 이 모든 것을 위대하신 구세주 안에서 발견한다. 모든 능력과 불도 생명을 지으신 주님께 있다. 지금은 교회가 의심과 분열과 분쟁으로 인해 혼란에 빠져 있을 때가 아니다. 직분이나 직책 혹은 공로나 인정에 대한 관심으로 시간을 허비할 수 없다. 또한 후원금이나 홍보에 대한 걱정으로 좌절할 수 없다. 우리는 부흥회 프로그램을 어떻게 기획하고 행해야 하는지 잘 모른다. 그저 어린 아이처럼 겸허하게 우리 하나님을 의지할 뿐이다. 그러나 지금까지 보고 들은 것으로 인해 우리의 기대감은 새로운 차원으로 올라갔다. 주님은 우리를 지키시며, 우리 안에서 시작하신 그분의 선한 일을 끝내실 수 있다. 우리는 마음과 영과 육신, 즉 우리의 모든 것으로 주님을 신뢰할 수 있다.

우리 가운데 역사하시는 주님의 능력은 끝이 없고, 그분은 우리에게 성령으로 세례를 주신다. 그리고 깊은 확신, 회개, 사랑과 감사의 눈물, 방언과 예언, 뜨거운 열기의 파도, 가장 온전한 평화와 새롭게 하심, 하나님의 말씀에 대한 엄청난 갈증, 환상과 방문(visitation), 계시, 치유, 홍수처럼 쏟아지는 하늘의 기쁨, 채울 수 없는 갈망, 애끓는 중보기도, 성령 안에서의 찬양, 천사의 임재, 손에 잡힐 정도로 강하게 임하시는 하나님의 영광, 주님의 임재에 대한 경외감 등을 부어주신다.

우리는 주님이 허락하신 은사들과 그분의 임재와 사랑의 손길을 사모한다. 이 모든 것으로 인해 우리는 수세기 동안 기독교인들이 그토록 갈망해온 목표, 즉 하나님과의 연합을 향해 나아간다.

주와 합하는 자는 한 영이니라 (고전 6:17)

능력의 은사들이 성품의 열매들과 결합될 때, 우리의 삶은 참으로 주님의 영광과 임재를 드러낸다. 우리는 주님의 사랑을 품어야 한다. 또한 모든 삶 가운데 그분의 기름부음과 말씀과 성령을 구해야 한다.

우리는 아직도 더 깊고 낮은 곳으로 흘러가는 법을 배우고 있다. 이것이야말로 우리가 전진하는 유일한 방법이다. 그리고 우리는 수많은 사람들이 도움을 요청하는 필요의 바다 한가운데서 단 한 사람을 위해 걸음을 멈추는 법을 배우고 있다. 또한 하나님의 친구가 되어 먼저 주님과 교제하고, 형제자매와 교제하며 서로를 소중히 여기는 법을 배우고 있다. 우리는 전문가가 아니고 권력자도 아니며, 전략이 뛰어난 선교단체도 아니다. 그러나 우리는 삶의 질을 관계의 깊이로 측정해야 한다는 것을 잘 알고 있다. 다시 말해 우리는 언제나 '사랑하는 법'을 배우려 하고 있다.

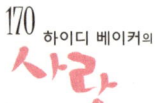

최근에 우리는 아시아를 방문했다. 우리가 방문한 곳들과 그곳에서 보고 행한 모든 것에 대해 다 말할 수는 없지만, 우리는 그곳에서 하나님을 갈망하는 물결이 거세게 일어나고 있다는 것을 알 수 있었다. 그로 인해 부흥의 길이 열리고 있으며, 더 많은 나라들이 놀랍게 변화될 것이다. 그곳에는 엄청나게 많은 사역의 기회들이 열려 있고, 수많은 사람들이 준비되어 있으며, 추수할 곡식들이 익어가고 있다. 가는 곳마다 영적인 것에 굶주린 군중들이 성령의 능력과 손길을 통해 치유받기 위해 앞으로 달려 나왔다. 그곳의 교회들은 가난한 자들의 필요를 채우기 위해 놀라울 정도로 풍성하게 베풀었다.

특별히 싱가포르와 한국의 교회들은 우리에게 큰 힘이 되었다. 나는 그 교회들과 오랫동안 친밀한 관계를 발전시켜 왔다. 그들은 우리를 돕는 일에 매우 열정적으로 반응하였다. 우리는 대만에서도 놀라운 시간을 가졌다. 지금은 대만의 때다. 매우 새롭고 흥분되는 일이 그곳에서 일어나고 있다. 우리는 대만의 수도 타이베이 아레나경기장에서 열린 컨퍼런스에 참석했는데, 그날은 대만 교회의 역사에 있어서 기념비적인 날이었다. 우리는 더 풍성하게 부어주시는 성령께서 하나님을 향한 그들의 갈급함을 채워주시길 기도하고 있다.

우리는 1월에 생일을 맞은 아이들을 위한 파티에 참석하기 위해 다시 펨바로 돌아왔다. 이 생일파티는 사실 우리 아이들 모두를 위한 파티로 해변에서 진행된다. 아이들은 달리기를 하고 공을 차며 너무나 즐거위했다. 그리고 우리는 케이크와 음료, 풍성한 선물을 나누며 함께 축하해주었다. 그러나 그들은 신나게 노는 것만큼이나 예배도 사랑한다. 그리고 모든 면에서 자신들의 삶을 완전히 변화시키시고 부요케 해주신 주님께 큰 감사를 드린다.

우리는 오직 배로만 갈 수 있는 론도를 다시 방문했다. 이 외딴 지역에 변화의 바람이 불고 있다. 우리는 이곳에도 학교와 교회를 세웠다. 그리고 아이들을 위해 태양전지 오디오 성경과 연필을 제공하고, 그들을 가르칠 교사도 지원하였다. 무엇보다 가장 귀한 주님을 아는 지식을 그들에게 전해주었다. 밤이 늦도록 그들을 가르치고, 함께 기도하는 것은 커다란 기쁨이다. 늦은 밤, 발전기로 희미하게 불을 밝힌 전등 아래 주님의 풍성한 임재가 마음을 관통한다. 그런 광경을 볼 때마다 나는 매우 기쁘다.

밤늦게 우리는 허름한 움막의 로프로 만든 침대 위에서 기도하다가 잠이 들었다. 우리는 헐벗고 원시적이고 소박한 이 마을에 예수님께서 얼마나 많은 부요함을 가져다주셨는지를 생각했다. 이곳의 모든 아이들과 신자들은 큰일을 하며 영향력을 행사하는 서구의 어떤 인물 못지않게 중요한 사람들이다.

아침에 일어나 아름다운 하늘과 멋진 바다, 그리고 주 안에서 새롭게 가족이 된 사람들로 가득한 마을을 보자 행복감이 밀려왔다. 주님 안에서 그들과 관계를 맺는 것이 곧 하나님의 나라이다! 물론 그들 또한

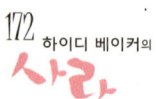

문구를 선물 받은 론도 마을 아이들

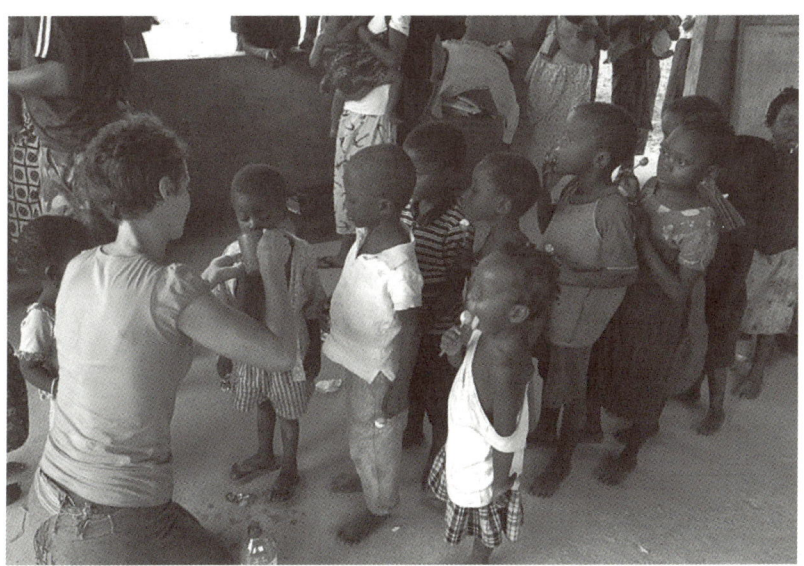
론도 마을 아이들이 사탕과 약을 먹기 위해 줄을 서서 기다리고 있다.

삶의 모든 면에서 하나님의 능력이 필요하다. 그래서 우리는 그들의 극한의 필요들을 위해 계속해서 기도한다. 주님 안에서 우리는 그들을 위해 계속해서 사역할 것이다. 그리고 1천 개가 넘는 우리 교회에 속한 모든 이들을 위한 사역도 멈추지 않을 것이다. 이들은 모잠비크에서 전도해야 할 마지막 사람들이다.

최근에는 처음으로 수단의 예이에 있는 본부를 방문했는데, 매우 뜻깊은 시간이었다. 이 본부를 이끌고 있는 미셸 페리는 남수단(South Sudan) 아이리스의 디렉터로, 젊고 에너지가 넘치며 성령의 기름부음이 있는 매우 유쾌한 사람이다. 예이는 온통 비포장도로와 허름한 움막들로 가득하다. 남수단은 오랜 기간 이어진 전쟁으로 인해 국가가 제대로 기능하지 못하고 있다. 우리에게 그곳은 오직 하나님만이 하실 수 있는 일들이 곳곳에 산재해 있는 가슴 뛰는 최전방이다.

미셸은 선교사들과 정부의 지원을 받아 예이 근처의 밀림에 멋진 어린이마을과 초등학교를 세웠다. 이것은 남수단에서 벌이고 있는 아이리스의 주요사역이다. 그들은 하나님을 향한 절대적 믿음으로 온갖 종류의 난관과 위협과 위험을 극복했다. 그들은 이제 하나님의 사랑과 임재가 충만한 센터를 갖게 되었다.

모잠비크에서처럼 이곳에서도 우리는 하나님 아버지의 마음으로 궁핍한 아이들을 모아 양육하고 있다. 이제 그들은 하나님의 생명으로 충만하고, 그로 인해 기뻐한다. 그들의 빛나는 미소와 웃음, 온 맘으로 드

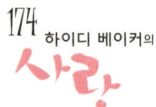

우간다에서 출발하여 수단의 비포장 활주로에 도착한 일행

남수단에서 사역하고 있는 목회자들

Chapter 13 아직 오지 않은 최선을 향해

리는 예배와 신나는 놀이는 이 땅에서 맛보는 천국의 삶이다. 이 아이들을 통해 우리는 계속해서 순수한 믿음과 겸손에 대해 배운다.

우리는 남수단의 여러 지역에서 온 목회자들과 지도자 그리고 우리와 함께 주님을 구하며 동역하기 원하는 모든 이들을 위해 컨퍼런스를 열었다. 이를 통해 그들은 성령의 불과 임재를 경험하는 신선한 방법에 대해 눈을 떴고, 마음을 열어 우리가 줄 수 있는 모든 가르침을 받아들였다. 진지함과 깨어진 마음으로 바닥에 납작 엎드려 하나님께 부르짖는 가운데 하늘의 기쁨을 깊이 맛보았다. 참석자들은 처음으로 강력한 기름부음과 자유 그리고 온전한 내려놓음이 프로그램을 대신하는 것을 경험하기 시작했다. 머리에 머물던 지식은 가슴으로 느끼는 산지식이 되었다. 또한 하나님은 오병이어의 기적을 베푸셔서 점심시간에 갑자기 나타난 아이들을 100명이나 먹이셨다. 물론 모든 아이들이 충분히 먹고도 많은 음식이 남았다!

세월이 지나면서 이곳에도 종교적 율법주의나 엄격한 전통과 교리적 혼돈이 교회 안으로 슬금슬금 들어왔다. 그것은 밀림에 있는 교회도 예외는 아니었다. 이런 영향으로 명목적인 기독교가 표준이 되는 경우가 많다. 하나님의 의와 정결케 하시는 불로 아프리카 전역에 있는 교회들의 부패와 돈을 사랑하는 마음이 온전히 압도되어야 한다. 예를 들어 지도자들은 심각하게 만연되어 있는 마술을 분명하고도 강력하게 저지해야 한다. 이러한 마술은 교회 안에까지 교묘히 포장되어 들어와 있다.

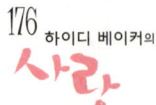

이런 이유로 우리는 이번 컨퍼런스에서 거룩함을 추구할 것을 강력하게 도전했다. 거룩함이 없이는 어느 누구도 주님을 볼 수 없기 때문이다.

수단에 있는 아이리스 가족들이 참으로 자랑스럽다. 우리는 계속해서 아프리카 전역의 부흥을 추구하고 이들을 격려하는 것을 특권으로 여길 것이다.

불을 지피다

내가 수단에 있는 동안 하이디는 주님의 은총과 임재 가운데 스위스와 프랑스에서 사역했다. 각자의 사역을 마친 후, 우리는 펨바로 돌아와 이곳 '우리 고향'에서 다시 우리 가족을 위해 사역하는 즐거움을 만끽했다. 아기들을 안은 엄마들이 몰려오고, 선교사들과 스태프들이 수많은 어린이들과 함께 마음을 쏟아내며 기도하는 모습을 보는 것은 너무나 행복한 일이다. 주님은 그들의 필요를 아시고 각 사람을 정확하게 만져주신다. 우리는 우리를 만나는 모든 사람이 구원을 받고 치유되어 충만해질 때까지 만족하지 않을 것이다.

어제는 근처 바닷가에 있는 새로운 마을에 또 하나의 교회를 헌당했다. 차를 타고 가기에는 매우 거친 진흙길을 지나 마을에 도착하자, 한껏 들뜬 신자들이 우리를 반갑게 맞아주었다. 그들은 진흙과 짚으로 지은 자신들의 교회를 너무나 자랑스러워했다. 가장 어린 아이부터 연로한 노인에 이르기까지 모두 환하게 웃으며 기쁨으로 하나님을 찬양했다. 우리는 주님께서 그들에게 부요한 축복을 부어주시고, 마을 전체가 하나님을 섬기기를 기도하며 교회를 헌당했다. 이것은 사실 매우 의미심장한 사건이었다. 왜냐하면 얼마 전까지만 해도 이 마을이 복음을 강경하게 거부했었기 때문이다. 심지어 이곳에서 하이디가 돌에 맞기도 했다. 그러나 한 청각장애인이 고침을 받으면서, 그들은 돌을 버리고 서서히 주 예수님께 마음을 열기 시작했다. 지금은 이 지역 전체로 하나님의 나라가 확장되고 있으며, 올 때마다 교회가 하나씩 늘고 있다.

교회를 헌당한 후, 우리는 새로운 신자들에게 세례를 주기 위해 해변으로 향했다. 더없이 맑고 짙푸른 하늘에 빛나는 구름이 떠 있고, 그 아래로 더 짙푸르고 따뜻한 바다가 보였다. 신실한 예배자들이 모래 위에서 찬양을 하고 춤을 추자 새신자들이 한 사람씩 나와 하이디와 모잠비크 목사님들에게 세례를 받았다. 그들은 물에서 나오며 손을 높이 들고 기쁨의 함성을 외쳤다. 그들의 마음은 어린 양의 보혈로 깨끗하게 씻음을 받았다. 그들은 선한 일을 위해 그리스도 예수 안에서 지음을 받은 새 피조물이며, 약속을 상속받은 승리자요, 영광과 영생을 받기로 예정된 자들이다. 하이디는 바닷물이 욕조의 물보다 더 뜨거웠고, 수많은 바다생물들이 그녀를 쏘았다고 했다. 그러나 그것은 충분히 치를 가치가 있는 희생이었다!

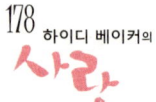

우리는 감동과 환희에 젖어 밀림을 통과해 마을로 돌아왔다. 그리고 점심으로 콩과 쌀밥을 마음껏 먹었다. 영혼과 육신 모두 배부른 마을 사람들은 예수 안에서 전진할 준비가 되었다. 외진 곳이라는 지리적 불리함과 극심한 가난도 성령께서 이곳에 머무시는 것을 막지 못할 것이다. 나는 오늘도 '소자 중에 지극히 작은 자'가 가장 좋은 것을 받게 해달라고 기도한다.

묵상의 시간

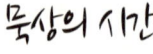

우리가 이 보배를 질그릇에 가졌으니 이는 심히 큰 능력은 하나님께 있고 우리에게 있지 아니함을 알게 하려 함이라 (고후 4:7)

나는 지극히 작은 질그릇이다. 나에겐 나눌 것도 거의 없지만, 작은 것이나마 내가 가지고 있는 모든 것을 주님께 드릴 것이다. 하나님은 우리가 가지고 있는 것을 그분께 드릴 때 기뻐하신다. 주님은 그것이 아주 작은 것이라도 개의치 않으신다. 주님은 헌신하는 우리의 마음을 사랑하신다. 단지 작은 것을 드리더라도 우리는 주님께 모든 것을 드릴 수 있다. 단지 인생의 십일조나 절반, 99.9퍼센트가 아니라 우리의 모든 것을 드려야 한다. 그럴 때, 땅에 숨겨진 작은 씨앗들처럼 하나님이 우리 마음 깊은 곳에 심어 놓으신 주님의 생명과 아름다움이 우리를 통해 드러나고 열매 맺게 될 것이다. 땅에 떨어진 씨앗처럼 주님의 사랑과 긍휼 가운데 떨어진 씨앗들은 더 낮은 곳으로 유유히 흐른다. 온유함과 은혜와 긍휼로 심겨진 씨앗들, 온전히 헌신된 작은 생명들이 풍성한 결실로 열매 맺는다.

나는 마음으로 "주님, 저를 풀어주십시오"라고 간절히 외친다. 나는 주님 앞에 납작 엎드려 내려놓길 원한다. 나는 늘 내 손과 마음이 풀어지고, 주님의 마음과 사랑에 항복하길 원한다. 그것은 나 자신이 아닌 주님처럼 되는 것이다. 나는 이것을 위해 싸울

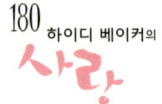

것이다. 나는 내가 항상 풀어지도록 주님께 간구할 것이다. 나는 지금도 주님이 만져주시길 기다리며, 언제나 더욱 주님처럼 되길 소망한다. 그러면 주님은 날마다 그분의 생명과 사랑을 작은 질그릇과 같은 공허한 내 인생에 넘치도록 부어주신다.

그리스도인이란 무엇인가? 바로 그리스도와 같은 사람이다. 아마 우리는 아직 그리스도인이 아닐지 모른다. 그러나 하나님의 은혜로 우리는 그리스도인이 되어가고 있는 중이며, 더욱 더 주님처럼 되고 있다. 그러나 우리가 아무것도 아닌 존재가 되고 주님이 모든 것이 되시기까지 성급하게 자라기보다 조금씩 자라가기를 소망하자.

이러한 방향으로 나아갈 때, 우리는 주님의 사랑이 왜 먼저 된 자가 나중 되고 나중 된 자가 먼저 될 것을 요구하는지를 알게 될 것이다. 주님의 마음과 눈으로 버려지고 깨어져 공허한 고아들과 가진 모든 것을 빼앗긴 자들을 돌아보고, 그들을 최우선시하며 자신이 아닌 오직 주님의 사랑과 영광을 위해 모든 것을 할 때, 우리는 점점 더 우리처럼 되시기 위해 모든 것을 버리신 예수님을 닮아갈 것이다.

영광의 왕 예수님은 자기를 낮추시고 아무것도 아닌 존재가 되셔서 우리의 형체를 입으셨다. 예수님은 우리처럼 태어나셔서 우리를 위해 그분의 생명, 곧 보혈을 쏟으셨는데, 이는 우리로 생명을 얻되 영원한 생명을 얻도록 하시기 위함이었다. 주님이 우리처럼 되신 것은 우리가 주님처럼 되도록 하시기 위함이었다. 즉 우리가 완전히 변화되고 바뀌어 더이상 이전과 같지 않은 존재로 만드신 것이다. 예수님은 자신의 생명을 우리의 빈 그릇, 즉 우리의 작은 질그릇에 쏟으셨다. 나의 친구여, 이것이 바로 우리가 열망해야 할 모든 것이다.

날 때부터 보지도, 듣지도 못하는 소녀를 고친 후, 말하는 법을 가르치고 있는 하이디

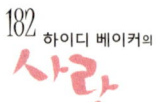

하나님을 즐거워하라

"더 많은 사랑과 기쁨"

{ Rolland Baker }
롤랜드 베이커

　웨스트민스터 소요리문답은 1640년대 영국과 스코틀랜드의 성직자들이 평신도들을 교육하기 위해 집필한 것이다. 영국 종교개혁이 낳은 가장 위대한 산물 중 하나인 이것은 107개의 질문과 답으로 구성되어 있다. 이 교리문답 중 가장 유명한 질문과 답은 바로 첫 번째 것이다.

질문: 인간의 가장 중요한 목적은 무엇인가?

답: 인간의 가장 중요한 목적은 하나님을 영화롭게 하고 그분을 영원히 즐거워하는 것이다.

30년간 선교사역을 해온 지금, 하이디와 나는 하나님께서 우리의 가장 큰 기쁨이 되고 싶어 하신다는 것을 그 어느 때보다도 잘 이해하고 있다. 우리가 주님을 기뻐할 때, 주님 또한 우리를 기뻐하신다. 그리고 우리를 기뻐하실 때, 주님은 우리 마음의 소원을 이뤄주신다(시편 37:4).

그리스도인으로서, 그리고 아이리스 선교사로서 우리의 유일한 목적은, 우리가 생각하고 느끼고 말하고 행하는 모든 것을 통해 하나님을 영화롭게 하는 것이다. 우리는 특별히 가난한 자와 '지극히 작은 자 중에서도 가장 작은 자'들을 섬김으로써 이를 실천한다. 굶주린 자들에게 냉수 한 잔과 먹을 것을 주고 헐벗은 자에게 입을 것을 주며, 나그네를 대접하고 병자를 고치며 갇힌 자를 방문함으로써 우리는 예수님을 사랑하고 섬긴다(마 25장).

우리는 하나님의 은혜와 성령의 능력으로 이 모든 것을 행한다. 그러나 이 부분에 있어서 논란이 있다. 불같은 부흥과 놀라운 기적을 일반적인 그리스도인의 삶에서 언제나 기대할 수 있는 것이 아니라 희귀하게 일어나는 예외적 사건으로 보는 태도가 바로 그것이다. 그렇게 생각하는

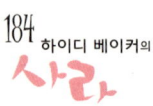

그리스도인들은 하나님이 이 세상에서 행하시는 대부분의 일들이 헌신, 노력, 신실한 인내, 희생, 관대함, 긍휼 등과 같은 거룩한 성품을 통해 자연적인 방법으로 이루어질 수 있다고 생각한다. 그래서 그들은 하나님이 개입하시는 기적과 능력 없이 대부분의 시간을 살아가면서, 우리의 성품과 덕을 통해 하나님의 사랑을 입증하는 법을 배워야 한다고 생각한다.

그러나 우리는 우리의 기초가 그리스도 안에서 거저 주시는 하나님의 의라는 사실을 안다. 또한 주님의 임재를 사모함으로 하나님을 사랑하고 그분을 깊이 경험할 수 있음을 알았다. 그래서 우리는 사랑하는 모든 연인들이 그러하듯이 하나님에 대한 모든 것을 사랑한다. 그리고 우리는 주님께서 자신을 나타내시는 모든 방법을 소중히 여기기로 결단했다. 우리는 하나님 안에서 더 많은 것을 갈망하고, 결코 주님에게서 멀어지지 않을 것이다. 역사 가운데 이어져온 위대한 성령의 역사는 우리에게 등대가 되었으며, 언제나 주님 안에서 더 풍성한 삶을 얻을 수 있다는 소망을 심어주었다. 그것은 우리가 도달할 수 없는 절망스러운 것이 아니라, 하나님 안에서 가능한 모든 것을 향해 달려갈 힘과 능력이 된다.

우리는 우리를 다루시는 하나님의 다양한 방법들을 즐거워하며, 항상 앞을 향해 달려간다. 하나님을 더 많이 경험하기 위해 달려가는 것이다. 예수님께서 죽으신 것은 우리와 하나님 사이를 화평케 하기 위함이며, 주님께서 초자연적 일을 행하신 것도 모두 그의 백성들에게 평화를 주시기 위함이었다.

놀라운 부흥과 초자연적 역사들은 우리가 아프리카에서 행한 모든 선한 일들의 불씨가 되었고, 그러한 일들이 지속될 수 있는 원동력이 되었다. 만일 그러한 일들이 없었다면, 이곳에 총 1천여 개의 교회를 세우고 1만여 명의 아이들을 돌보는 일은 불가능했을 것이다. 목숨이 음식보다 중하고, 몸이 의복보다 중하다(눅 12:23). 성령께서는 우리의 배에서 생수의 강이 흘러넘치게 하시며, 우리는 하나님의 임재를 사모하고 즐거워한다. 우리가 그분을 즐거워하면 할수록 주님의 뜻을 행할 힘과 동기로

하이디와 마을 사람들이 새로 설치한 펌프로 물을 긷고 있다. 이는 참으로 놀라운 사건이다.

더욱 충만해지는 것을 발견한다.

주님의 임재와 환상, 충만하게 부어주시는 성령으로 인해 우리는 맡겨진 일들을 감당한다. 죽은 자가 다시 살아나고 소경과 벙어리가 치유되는 것을 보며, 흥분과 감격 속에 계속해서 전진한다. 가난한 사람들이 예수님께 나오고, 온 마을이 하나하나 주님께 나온다. 그들이 하나님의 사랑의 능력을 두 눈으로 직접 보고 온몸으로 체험하기 때문이다. 우리가 특별히 도움을 구하지 않는데도 끊임없이 재정적 지원이 이어진다. 이는 하나님께서 수많은 사람들에게 초자연적인 부요하심을 허락하시기 때문이다. 하나님께서 집회 가운데 오셔서 우리를 만져주시고 사랑과 기쁨으로 충만하고 넘치게 하심으로 인해 우리는 경외감 속에 전율한다. 이는 말할 수 없는 영광스러운 즐거움이다. 이처럼 우리가 구하거나 생각하는 것보다 훨씬 더 큰 일을 행하시는 주님으로 인해 성령의 놀라운 능력을 날마다 체험하고 있다.

사실 그것은 매우 단순하다. 우리에겐 언제나 부흥이 절실하게 필요하다. 앞에서 말한 대로 기적적인 치유가 없었다면, 하이디와 나는 지금 모두 죽었을 것이다. 그리고 우리는 지금도 우리의 힘과 능력으로는 도저히 감당할 수 없어서 주님을 찾을 수밖에 없는 필요와 고통과 고난을 날마다 만난다. 우리의 마음은 목마른 사슴이 시냇물을 찾듯이 갈급함으로 살아 계신 하나님을 찾는다(시 42:1). 우리는 하나님을 위해 지음 받았다. 우리는 부흥을 위해, 주님의 임재의 영광을 위해 지음 받았다. 그러므로 우리는 주님을 만나야만 한다.

우리는 더 많은 부흥을 달라고 기도한다. 더 많은 불과 더 많은 표적과 기사, 더 많은 은사들, 더 많은 사랑, 더 많은 기쁨 그리고 더 많은 열매를 구한다. 이제 모든 잃어버린 양들을 찾자! 이제 모든 고아들을 받아들이자! 하나님의 나라를 나누자! 그리고 평범하고 지루한 삶에 결코 안주하지 말자! 우리 하나님을 온전히 즐거워하자!

마을의 환자들을 위해 기도하는 단기 방문자들

{ Heidi Baker }
하이디 베이커

　날마다 우리 앞에 벌어지는 역사는 어마어마하다. 우리는 예수님과 그리스도의 몸이 없으면 아무것도 할 수 없다. 그래서 우리는 가능한 한 모든 면에서 함께 사역할 수 있도록 많은 사람을 초청한다. 부흥에는 열매가 있다. 부흥은 완전한 변화를 가져오며, 하나님은 사람들을 통해 이것을 이루신다.

　우리는 단지 영혼만 구하는 자가 아니며, 사회사업가는 더더욱 아니다. 우리는 하나님의 나라를 구하는 자이다. 우리에게 부흥은 변화를 가져오는 구호(救護)와 개발을 모두 포함한다. 우리는 하나님을 신뢰하며, 모든 것에서 주님의 영광을 구하는 것을 목표로 삼는다. 주님은 매우 실제적이시다. 그러므로 우리는 항상 작은 투자로 많은 이들에게 유익을 끼치기 위해 연구하고 노력한다.

　우리는 밀림의 마을들에 가능한 한 많은 우물을 파고 집을 짓기 위한 프로젝트를 계획하고 있으며, 농업도 더욱 확장하려고 한다. 또한 가난한 자들에게 배움의 기회를 제공하기 위해 대학을 세울 비전을 가지고 있다. 그들은 이 대학에서 관광, 경영, IT 관련 기술을 배울 것이다. 우리는 더 많은 아이들을 돌보기 위해 새로운 아동후원 프로그램을 개발하고 있다. 또한 전 세계의 재난에 응할 수 있는 아이리스 구호기관을 세우려고 계획하고 있다. 이 모든 일을 성취하기 위해 우리에겐 다양한 도움과 의견이 필요하다.

 다시 한 번 놀라운 헌신과 섬김으로 동역하는 아이리스 가족들에게 깊은 감사를 드린다. 그들은 신실하고 성실하게 풍성한 헌금으로 우리의 사역을 계속해서 후원하고 돕고 있다. 이를 통해 우리 모두는 섬김과 나눔의 축복을 누리고 있다!

> **묵상의 시간**
>
> 그러므로 그리스도 안에 무슨 권면이나 사랑의 무슨 위로나 성령의 무슨 교제나 긍휼이나 자비가 있거든 마음을 같이하여 같은 사랑을 가지고 뜻을 합하며 한마음을 품어 (빌 2:1-2)

우리는 진정 그리스도와 연합되어 있는가? 우리의 관계, 즉 예수님을 향한 사랑과 우리를 향한 그분의 사랑으로 인해 힘을 얻는가? 주님의 사랑 안에서 위로를 받는가? 성령께서 삶 가운데 온유와 긍휼로 역사하시는가? 이 사랑으로 더욱 예수님을 닮고 있는가? 주님께서 보여주신 변함없는 사랑을 다른 이들에게 베풀고 있는가? 마트에서 쇼핑을 하거나 레스토랑에서 식사할 때에도 온유하게 행동하는가? 주유를 하거나 어느 곳에서 누구를 만나든 우리에게서 그리스도의 향기가 흘러나오는가?

우리는 종종 바쁜 일정 때문에 식사를 제대로 챙겨 먹지 못할 때가 많다. 오늘도 아침을 먹고 싶었지만 그러지 못했다. 식사를 거르면 배가 고프다. 그러면 너무 힘이 없어서 서 있기도 힘들 때도 있다. 이처럼 우리는 항상 배고픔을 느끼는 연약한 질그릇이다! 그러나 우리가 약할 때에도 주님은 강하시다! 오히려 우리가 약할 그때에 주님의 능력이 온전하고 충만해진다.

나에게 이르시기를 내 은혜가 네게 족하도다 이는 내 능력이 약한 데서 온전하여짐이라 하신지라 그러므로 도리어 크게 기뻐함으로 나의 여러 약한 것들에 대하여 자랑하리니 이는 그리스도의 능력이 내게 머물게 하려 함이라 그러므로 내가 그리스도를 위하여 약한 것들과 능욕과 궁핍과 박해와 곤고를 기뻐하노니 이는 내가 약한 그 때에 강함이라

(고후 12:9-10)

나는 당신과 내가 더욱 긴밀하게 그리스도와 연합하고, 주님의 마음을 품으며, 주님이 가지신 사랑을 동일하게 갖게 되길 기도한다. 그리고 우리가 예수님처럼 격려하고, 예수님처럼 위로하고, 예수님과 동일한 온유함으로 긍휼을 베풀길 기도한다. 이는 우리가 누구와 함께하고 어디를 가든 예수님처럼 되기 위함이다.

아무 일에든지 다툼이나 허영으로 하지 말고 오직 겸손한 마음으로 각각 자기보다 남을 낫게 여기고 각각 자기 일을 돌볼뿐더러 또한 각각 다른 사람들의 일을 돌보아 나의 기쁨을 충만하게 하라 (빌 2:3-4)

때로 우리는 서로를 바라보며 '저 사람을 더 닮았으면 좋겠다. 그리고 사람들이 내가 저 사람과 비슷하다는 것을 알아줬으면 좋겠다'라고 생각한다. 그러나 하나님은 있는 모습 그대로의 우리를 소중하게 여기신다. 생명은 주님 안에 있으며, 그분은 우리에

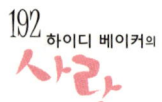

게 최선의 것이 무엇인지를 잘 아신다.

　주님 안에 거할 때, 당신은 최고의 존재가 된다. 어떤 일도 개인적인 야망이나 자신에 대한 자긍심으로 하지 말라. 사람에게 인정받기 위해 일하지 말라. 오직 하늘 아버지만이 당신이 소망하고 바라봐야 할 유일하신 분이다.

부흥,
순전한 선교의 열매

"우리는 낮은 길을 택함으로 승리한다."

{ Rolland Baker }
롤랜드 베이커

예수님은 우리의 초점이 되신다. 우리는 교회 안에 있는 다양한 아이디어와 흐름 가운데서도 단순함과 순전함을 지킴으로써 우리의 길을 계속 가고 있다.

> 뱀이 그 간계로 하와를 미혹한 것 같이 너희 마음이 그리스도를 향하는 진실함과 깨끗함에서 떠나 부패할까 두려워하노라 (고후 11:3)

우리는 우리의 눈을 믿음의 주요, 온전케 하시는 예수님께 고정시킨다. 극한의 상황으로 몰릴 때에 바울이 그랬던 것처럼, 우리는 예수님과 그분이 십자가에 못 박히신 것 외에는 알지 않기로 작정한다. 주님은 우리의 확신의 유일한 근거이시다. 주님은 잣대이시며, 거치는 돌이시고, 자르는 칼날이시며, 구원과 생명이 만나는 지점이시다. 우주에서 주님보다 더 논쟁의 대상이 되시는 분은 없다.

우리는 주님을 신뢰하고 사랑한다. 왜냐하면 주님이 우리를 위해 죽으셨고, 우리를 위해 부활하셨기 때문이다. 주님은 우리를 위해 고난받으셨다. 또한 주님은 보혈로 죄에 대한 값을 치르심으로 우리의 삶을 사셨고, 우리에게 사랑이 무엇인지를 보여주셨다. 그래서 우리는 주께만 충성한다. 주님께 속한 우리에게는 오직 주님을 기쁘시게 하는 것이 유일한 야망이다. 필요하다면 바울처럼 우리 또한 주님을 소유하기 위해 모든 것을 잃을 것이다. 우리는 조금이라도 주님에게서 멀어지게 하는 모든 유혹을 떨쳐버린다. 주님은 우리의 가장 큰 기쁨이시며 긍휼의 원천이시다. 우리는 더이상 세상과 그 안에 있는 것들을 사랑하지 않는다. 왜냐하면 우리가 가장 갈망하는 대상은 주님이시기 때문이다. 어린 양은 이런 대우를 받으시기에 합당하시다!

우리는 주님의 고난에 참여하는 것을 기뻐한다. 이는 주님의 영광이 드러날 때에 함께 기뻐하기 위함이다. 이 세대가 끝날 때까지 우리는 모든 반대를 견딜 것이며, 순전한 믿음으로 승리함으로써 하나님께 영광을 돌릴 것이다. 모든 환란 가운데도 우리의 기쁨은 끝이 없다. 이 세상에서는 비록 나그네와 이방인으로 살지라도, 우리는 하늘에 간직된 완전한 유업을 바라본다.

고난 속에서도 순종하신 예수님은 하늘에서 존귀함을 받으시며, 우리도 같은 방법으로 주님의 상급에 참여할 것이다. 우리는 낮은 길을 택함으로써 승리한다. 우리는 주님을 위해 목숨을 잃음으로써 목숨을 얻으며, 우리는 하나님의 전능하신 손 아래에서 우리를 낮춘다. 이는 때가 되면 주님께서 우리를 높이시도록 하기 위함이다. 우리는 다른 이들을 위해 생명을 버림으로써 사랑하는 법을 배우며, 그렇게 함으로써 하나님을 섬긴다.

우리는 지금 하나님을 볼 수 없다. 하지만 하나님은 우리에게 눈에 보이는 이웃을 사랑하는 것이 그분을 사랑하는 것이라고 말씀하셨다. 주님은 사랑이시다. 그러므로 우리는 첫 번째 계명과 두 번째 계명을 분리할 수 없다. 많은 부르심이 있지만 목마른 자에게 물을, 굶주린 자에게 음식을 주는 것보다 더 높은 부르심은 없다. 이렇게 사랑을 실천하며 더욱 힘써 사랑하는 방법을 배우는 것은 우리가 하나님으로부터 사랑을 선물 받았고, 또한 그것을 나누기 위해 부름 받았기 때문이다.

선교는 우리의 기쁨이며, 예수님을 아는 것에 대한 당연하고도 단순한 결과이다. 우리는 생명과 소망을 가지고 있지만, 다른 이들은 그렇지 않다. 우리는 기뻐할 이유를 가지고 있지만, 다른 이들은 그렇지 않다. 우리의 마음에는 사랑이 있지만, 다른 이들은 그렇지 않다. 우리에게는 음식과 의복과 건강, 가족이 있지만, 다른 이들은 그렇지 않다. 우리는 걱정할 이유가 없지만, 다른 이들은 근심에 눌려 있다. 예수님을 믿는 모든 신자의 부르심은 이러한 불균형을 해소하는 일에 참여하는 것이다.

이를 위해 우리는 거리로 나가고 세계를 돌아다녀야 할지도 모른다. 우리는 언제나 하나님이 사용하실 수 있는 자가 되어 어느 곳이든 가고, 언제든지, 어떤 일이든 해야 한다. 우리를 인도하실 때에 주님은 길을 만드실 것이다. 그분이 충분히 그렇게 하실 수 있다는 것을 지난 30년간 아이리스선교회에 속한 모든 자들이 증명해왔다.

우리는 매일 모든 문제를 주님께 믿음으로 올려드리며 하루를 시작한다. 우리를 돌보시는 주님께 모든 염려를 맡기는 것이다. 이로 인해 우리는 언제나 자유롭게 주님을 즐거워하고, 모든 것을 긍정적으로 볼 수 있다. 또한 우리는 새로 시작하는 하루가 가장 위대하고 기적적이며 크나큰 승리의 날이 되도록 기도한다. 그리고 나면 우리는 자연적인 재능과 초자연적 은사들을 사용하여 가능한 한 많은 사람들을 축복하고, 주님을 사랑하고 예배하는 마음으로 하루를 보내게 된다.

우리에게 선교는 자연스러운 믿음의 결과이다. 그것은 우리에게 베

푸신 하나님의 사랑에 보답하는 방법이다. 다른 대안은 없다. 선교가 없는 부흥은 온전하지 못하다. 잃어버린 자들과 가난한 자들 그리고 궁핍한 자들에게서 등을 돌리는 것은 하나님에게서 등을 돌리는 것이다. 예수님과 우리의 친밀감은 결국 다른 사람에게로 확장된다. 이것이 바로 주님의 나라의 탁월함과 완전함이다.

미에제에서 열린 밀림 컨퍼런스

모두가 리듬에 맞춰 발을 구르는 바람에 바닥에 있던 먼지들이 온통 공중으로 떠오른다. 눈부신 태양빛에 자욱하게 일어난 먼지구름이 빛난다. 대기 중에는 불이 번지고, 모두의 얼굴에 땀이 흐른다. 건물 안에는 생명이 살아 움직인다!

미에제에서 새로운 교회 건물을 헌당하는 날, 이곳 밀림에 사는 모잠비크 신자들은 그들의 기쁨을 춤으로 쏟아내며 온 마음을 다해 이를 축하했다.

9년 전, 모잠비크 남부의 수도 마푸토에서 북부의 카보 델가도로 옮겨온 우리는 인구 5만의 자그마한 해안도시 펨바에 본부를 차렸다. 이 도시의 주류를 이루고 있는 마쿠아족은 처음에는 다가가기 어려운 미전도종족이었다. 그러나 성령께서 능력으로 우리를 지원해주셨고, 가난한

중에서도 가장 가난한 자들 가운데 하나님을 향한 갈망의 불을 지피셨다. 지속적인 성령의 역사로 우리의 두 번째 교회가 펨바 남쪽 15분 거리에 떨어진 이곳에 세워졌다.

그 이후로 개척정신이 뛰어난 미에제의 신자들은 이 지역의 나머지 교회들을 세우는 데 선봉이 되어 현재 1,700개 이상의 교회가 세워졌다. 이제는 우리가 그들을 따라갈 수 없을 정도이다!

미에제 교회는 단순히 진흙으로 지어진 건물이 아니다. 이 교회는 지역 개발과 변화의 원형이 되었고, 그 변화는 매주 계속되고 있다. 이곳

에서 우리는 이 나라의 가난한 자들을 위해 하나님 안에서 할 수 있는 것이 무엇이며, 하나님의 나라가 한 마을 사람들의 삶의 모든 면에 어떻게 영향을 미치는지를 배우고 있다. 성령께서는 이미 오래 전에 미에제에 오셨고, 주님의 불은 갈수록 더욱 뜨겁게 타오르고 있다!

이곳에서 하나님의 거룩한 임재는 만화경(거울의 반사에 의해 아름답고 다양한 무늬를 볼 수 있도록 만든 완구 - 역주)처럼 매우 다양하고 아름답게 나타난다. 그 중 대표적인 것이 치유이다. 사람들은 정기적으로 이 치유를 기대하며 온다. 주님의 임재는 가장 깊은 확신, 간절한 눈물, 회개, 갈망과 안도, 조용하고 영광스러우며 깊이가 있는 예배, 에너지가 넘치는 주님의 기쁨, 온 힘을 다해 주님 앞에서 추는 춤 등으로 나타난다.

아프리카 밀림에서의 주님의 임재와 사랑은 또한 집, 학교, 농장, 음식, 우물, 가정, 많은 아이들의 입양, 교제, 기적, 즐거움 등으로 나타난다. 이처럼 하나님의 생명은 온갖 형태로 나타난다.

오늘 우리는 미에제에서 또 하나의 새로운 교회의 헌당을 축하했다. 이는 우리의 목사인 주마와 디렉터인 돈 칸텔 박사의 많은 수고와 인내로 결실한 소중한 열매이다.

이 교회는 극히 단순해 보이지만, 매우 놀랍고 깊은 의미를 지닌다. 이곳은 한 마디로 가난의 바다에 떠 있는 믿음과 소망의 방주이다. 컨퍼런스에는 매우 특별한 강사들이 초청되어 왔으며, 음향시스템도 작동

컨퍼런스에 참석한 사람들을 대접하는 주방의 바쁜 손길

이 된다(가끔이긴 하지만 말이다). 교회 안은 주님의 임재로 가득하고, 밖에는 전도를 위해 천막을 쳤다. 이 천막이 더 많은 아이들과 회중들을 덮어 줄 것이다. 밀림의 사방에서 군중들이 몰려와 교회는 이미 만원이다. 우리는 엄숙함과 기쁜 마음으로 주님께서 원하시는 대로 사용하시도록 이 건물을 헌당하고 있다.

고립과 이교사상(paganism)과 마술의 흑암 가운데 큰 빛이 비췄고, 사람들은 예수님께로 돌아왔다. 그리고 오늘 우리는 이토록 놀라운 역사에 전율한다. 미에제의 모범이 시골의 가난한 아이리스 가족들에게 길을 보여주길 기도한다. 예수의 이름으로 이곳에 변화가 오고 있다.

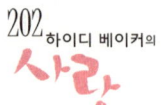

{ Heidi Baker }
하이디 베이커

도둑들의 마을에 전해진 복음의 능력

텐트 안은 춥다. 그나마 간이침대가 있어서 울퉁불퉁한 바닥 신세를 면했으나 온전히 안식을 취하기는 어렵다. 작은 베개가 달린 침낭의 지퍼를 올리고 어떻게든 편안하게 자려고 노력한다. 그런 중에도 하루 동안 있었던 일들을 예수님께 기도로 아뢴다.

마당은 각양각색의 텐트들로 덮여 있다. 성경학교와 선교학교에서 온 대표단들이 심야전도대회를 위해 이곳 나만훔비리에 캠프를 쳤다. 사실 이곳은 이 지역에서, 아니 이 나라에서 가장 위험한 곳으로 불린다. 이 작은 마을에는 그저 진흙 움막들밖에 없지만, 그 명성은 아주 멀리까지 잘 알려져 있다.

펨바에 사는 불신자 친구들은 우리가 이곳에 있다는 말을 듣고 겁에 질렸다. 이곳은 오랫동안 통제 불능의 폭력이 난무하는 곳으로 알려져왔다. 일확천금을 노리는 루비 밀수꾼들이 원석을 캐기 위해 모여들기 때문이다. 심지어 멀리 소말리아와 태국에서 오는 이들도 있다. 최근에 들어서야 그들의 야성과 불법 거래와 만행을 길들이기 위해 정부가 노력하기 시작했다. 이곳에서 어린 아이들은 10달러 미만에 팔려나간다. 성 노예로 전락한 아이들은 11살에 임신을 하고, 난폭한 살인자들이 여기저기에 도사리고 있다. 매장량이 풍부한 루비가 이곳을 악의 소굴로 만들었다. 만일 루비가 없었다면, 이곳은 카보 델가도 중에서도 가장 아름답고 평화로운 밀림이 되었을 것이다.

그러나 우리는 이미 나만훔비리에 교회를 세우고 목회자를 파송했다. 근처의 마을에서 사역하는 아이리스 목회자들은 이곳에서 더욱 강력한 영적 돌파가 일어나고, 이 지역의 어둠의 세력들에게 도전할 팀들이 오길 오랫동안 기도해왔다. 전도를 위해 두 번째로 이 마을을 찾은 우리는 멀리 펨바에서 온 학생들을 큰 트럭에 태워 데려갔다. 언제나 그렇듯이 우리는 예수님에 대한 영화를 보여주었다. 1천 명이 넘는 주민들이 완전히 몰입해서 보았는데, 그 중에는 넝마와 같은 옷을 입은 모잠비크의 전형적인 가난한 아이들이 많았다. 우리는 마음을 쏟아 복음을 전했고, 복음에 대한 반응은 어김없이 열정적이었다.

전도할 때마다 우리는 항상 병자를 위해 기도한다. 그러면 보통 의미심장한 기적들이 일어나고, 모든 사람들이 이에 집중한다. 그동안 매우 다양한 사람들의 병이 고침을 받았다. 그러나 특별히 이 마을에서 가장 시급한 문제는 군중을 악한 영들과 알코올중독에서 구하는 일이었다. 이곳에서는 밤에 귀신들이 사람들의 목을 조르는 일이 흔한데, 우리가 손을 얹고 기도하자 성령의 권능이 풀어져 군중 가운데 안도와 기쁨이 퍼져갔다. 언제나 예수님은 모든 것의 답이 되신다!

흙으로 지은 움막들 사이에 자리한 우리의 작은 야영지는 매우 눈에 띄었다. 선교사들과 각 지역의 목회자들은 이제 막 잠이 들었다. 나는 예수님께서 우리 주변에 천사들을 세우사 보호해주시길 기도드렸다. 오늘밤에 많은 영혼들이 주님께 마음을 열었다. 귀신에게 묶이고 억압받았던 자들이 성령 안에서 자유를 누리고 기뻐했다. 그 모습을 보는 우리 목회자들은 더없이 행복해한다. 이 마을의 변화를 향해 중요한 걸음을 내디딘 것이다.

모잠비크 북부에서 빠른 속도로 번져가는 부흥은 놀라울 정도이다. 최근 몇 달 사이에 우리는 수백 개의 교회를 더 세웠으며, 현재 이 한 행정구역에만 약 1,700개의 교회가 있다. 이러한 열매를 맺으며 살아가게 해주신 주님께 깊이 감사드린다.

해가 뜨면, 우리는 소곤거리는 대화 소리에 잠을 깬다. 호기심 많은 아이들이 기웃거리자 팀원들이 하나, 둘 텐트에서 나온다. 아침은 커피와 빵인데, 이곳에서는 매우 호사스런 음식이다. 어느 누구도 서두르지 않고 느긋한 마음으로 전도 일정과 이곳에 필요한 것들이 무엇인지를 의논한다.

그런데 밤사이 주님께서 놀라운 일을 행하셨다. 나는 초가지붕 아래에 앉아 간증을 나누기 위해 찾아온 소년의 이야기를 들었다. 마을 추장의 조카인 그는 지난밤 집회 후 일어난 일을 이야기했다. 그는 8살 때부터 한 번도 소리를 들어본 적이 없었다고 한다. 그래서 우리 집회에서 와서도 모든 것을 지켜는 보았지만, 전혀 들을 수가 없었다. 나는 그런 그를 위해 기도해주었다. 집회가 끝나고 집으로 돌아간 그는 밤사이 특별한 꿈을 꾸었다. 꿈속에 흰 옷을 입은 한 남자가 와서 그의 귀에 약을 넣어준 것이다. 아침에 잠에서 깨어났을 때, 그는 완벽하게 듣고 다시 말할 수 있었다! 나는 그분이 예수님이시라고 설명해주었다. 이렇게 또 하나의 열정적인 신자가 탄생했다.

오랫동안 전혀 듣지 못했던 한 소년의 간증을 듣고 있는 하이디. 꿈에서 예수님을 만난 후 그는 완전히 치유되었다.

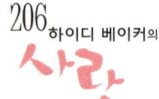

우리는 또 다른 집회를 인도하기 위해 비행기를 타고 떠나야 했다. 그 전에 우리는 전도팀을 안전한 마을로 이동시킬 것이다. 우리는 이 지역 담당목사에게 위험한 곳을 피해 교회 안에서 성도들을 만날 것을 권했다. 그리고 나서 우리는 흙길을 걸어 마을의 커다랗고 아름다운 연못으로 내려왔다. 오면서 우리는 수많은 루비 밀수꾼들을 지나쳤다. 우리는 아름다운 밀림에서 주님께 자유롭게 예배를 드리고, 새신자들에게 세례를 주었다. 그들은 백합화를 비롯한 아름다운 꽃들에 둘러싸여 차가운 물에서 세례를 받았다.

이곳에서의 부흥은 아무리 커도 지나치지 않다! 이제는 펨바의 이교도 친구들도 우리가 왜 일부러 어둡고 위험하고 고통이 극심한 이 지역에 가는지 이해하기 시작했다. 하나님의 사랑의 능력이 있기에 우리는 두렵지 않다. 길에서 만난 강퍅한 남자들도 우리가 그들을 위해 멈춰 서자 부드러운 마음을 갖게 되었다. 어디를 가든 우리는 주님의 임재를 가져간다. 우리는 날마다 우리의 믿음을 적용하고, 주님만이 하실 수 있는 더 큰 일을 기대한다. 앞으로 다시 나만훔비리를 찾아가 주님의 나라를 더 널리 전파할 강력한 팀이 일어나도록 함께 기도하자. 지난 몇 년 동안 우리의 믿음은 더욱 강해졌다. 그만큼 주님은 우리가 더 큰 도전에 직면하도록 허락하신다.

우리는 당신이 성령께서 앞으로 우리 가운데 행하실 일들을 함께 지켜보고, 우리와 함께 기뻐하길 기도한다. 주님은 우리를 통해 이 땅에서 사탄이 할 수 있는 최악의 일들을 계속해서 뒤엎으실 것이다. 그러므로 우리의 수고와 인내는 결코 헛되지 않다. 더 큰 승리를 위해, 아직 오지 않은 최선을 향해 전진하자!

> ## 묵상의 시간
>
> 사랑은 오래 참고 사랑은 온유하며 시기하지 아니하며 사랑은 자랑하지 아니하며 교만하지 아니하며 무례히 행하지 아니하며 자기의 유익을 구하지 아니하며 성내지 아니하며 악한 것을 생각하지 아니하며 불의를 기뻐하지 아니하며 진리와 함께 기뻐하고 모든 것을 참으며 모든 것을 믿으며 모든 것을 바라며 모든 것을 견디느니라 (고전 13:4-7)

하나님은 언제나 우리를 기뻐하신다. 주님은 우리 안에서 최선의 것을 보시며, 마음과 뜻과 정성을 다해 섬기는 우리의 모습을 좋아하신다. 그러므로 우리는 이전의 일들을 잊어버리고, 위로부터 부르신 부르심의 푯대를 향해 달려가야 한다. 위로부터 부르신 부르심의 푯대가 무엇인가? 그것은 바로 사랑, 더 많은 사랑이다.

주님의 사랑은 어떤 인생도 만져주실 정도로 충분히 크다. 그 사랑은 어떠한 악도 선으로 바꾸실 수 있다. 그러니 어둠이나 우울, 분노나 고통 가운데 죽지 말라. 오히려 주님께서 당신을 붙드시고 소망과 용기를 부어주시도록 허락하라. 당신이 주님의 사랑 안에 살 수 있을 때까지 그렇게 하라.

우리는 모잠비크 북부에 사는 한 소년에 대한 이야기를 들었다. 그는 지체장애아였는데, 어린 소녀를 강간하는 무서운 짓을 저질렀다. 그 소년에 대한 이야기를 들었을 때, 나는 성령께서 그에게 다가가기 원하신다고 느꼈다. 나는 그 소년을 당장 찾아야 했다. 그러나 어느 누구도 내가 그를 찾는 것을 원치 않았다. 그들은 이렇게 말했다. "하이디, 당신에게 경고합니다. 당신은 그 아이를 얻을 수 없을 거예요."

그러나 하나님의 사랑은 모든 사람을 만져주실 정도로 크다. 주님은 어둠 가운데서 빛을 만드신다. 예수님은 우리에게 생명을 주시기 위해 오셨다. 그러므로 우리 중 어느 누구도 더이상 우울이나 분노, 고통 가운데 죽을 필요가 없다. 주님은 사람들을 다시 살리시는 것을 좋아하신다. 주님은 어디든지 가시고, 모든 사람과 이야기하셨다. 주님은 한 사람, 즉 잊혀진 자, 거절된 자, 버림받은 자, 병든 자, 돌에 맞아 죽은 자를 위해 걸음을 멈추셨다. 심지어 주님은 자신이 지은 죄 때문에 십자가에 달린 강도를 위해서도 걸음을 멈추셨다.

나는 이 소년을 위해 기도했다. "주님, 이 아이를 얻게 해주세요."

나는 아이를 찾기 위해 모잠비크 북부로 날아갔다. 그리고 결국 나는 그를 찾아서 데리고 왔다. 무서운 일을 저지른 이 소년은 우리를 향한 하나님의 은혜를 보여준다. 아! 주님의 사랑과 은혜에 우리 자신을 온전히 내어드릴 수 있다면 얼마나 좋을까! 주님의 은혜는 우리와 우리 앞에 있는 사람들 사이를 가로막는 어떤 담도 허무실 수 있다.

나는 주님께서 단 한 사람을 위해서도 자신의 생명을 주셨을 것이라 믿는다. 그분은 자신을 비우시고 낮추셨으며, 하나님 아버지의 사랑에 너무 철저하게 복종하셨기에 야망이 없으셨다. 주님은 제국을 세우려 하지 않으셨고 칭찬과 박수를 원하지 않으

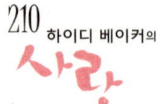

셨으며, 자신을 따르는 자들의 신분이나 숫자로 사람들을 감동시키려 하지 않으셨다. 주님은 계속해서 오직 한 사람을 위해 걸음을 멈추셨다. 하나님은 단지 한 사람을 위해 자신을 내려놓고 기꺼이 생명을 내어드리는 자들을 찾고 계신다. 나는 당신이 진심으로 한 사람을 사랑했다면, 백만 명의 사람들을 주님께 돌아오게 한 자의 상급과 같은 상급을 받을 것이라고 믿는다.

사랑을 위해 생명을 버리겠는가? 주님의 사랑 앞에 당신의 생명을 기꺼이 드리겠는가?

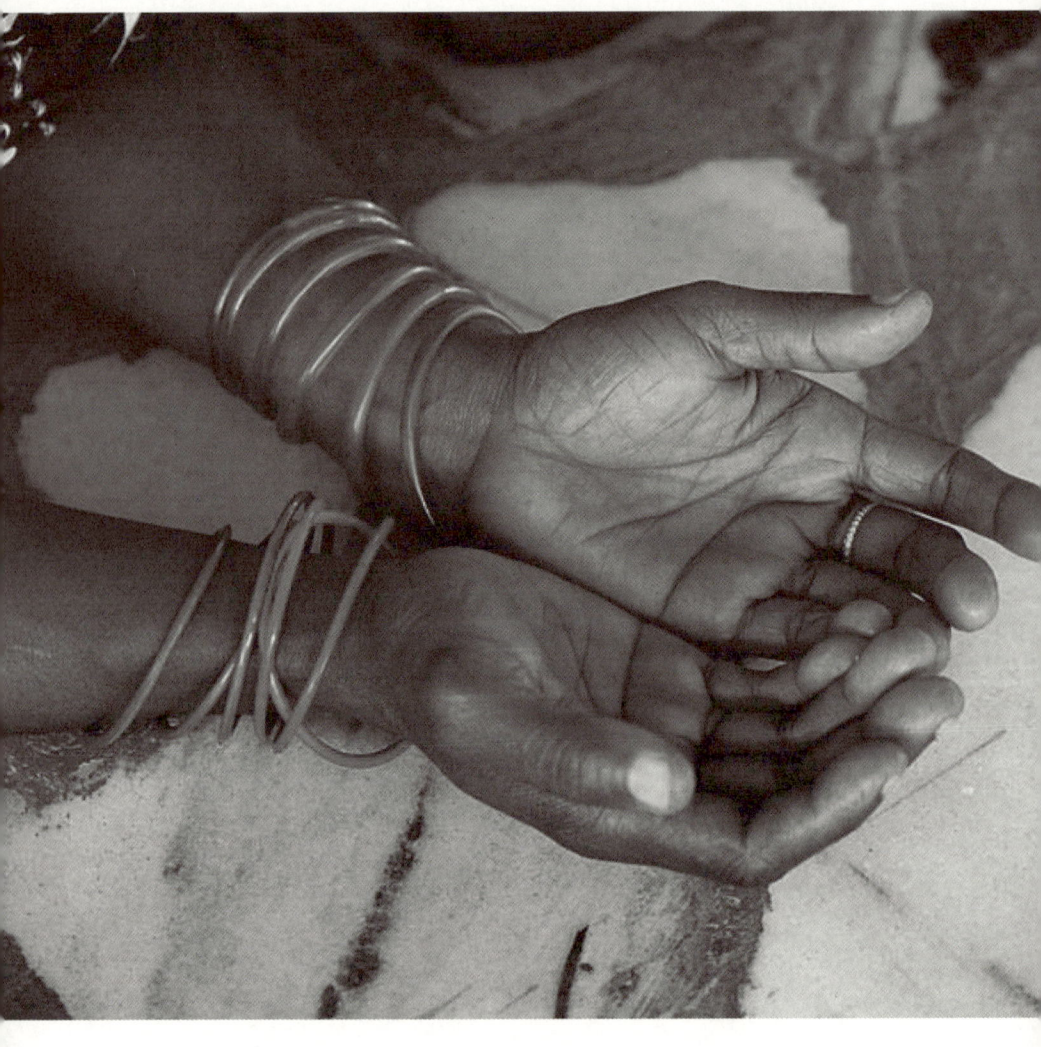

우리의 핵심가치

"사랑은 무능하지 않다."

{ Rolland Baker }
롤랜드 베이커

 펨바는 세계 부흥을 목표로 하는 리더십 컨퍼런스 장소로는 어울리지 않는 듯하다. 그러나 전 세계의 아이리스 대표들이 이곳에 모였다. 우리는 거친 모랫길을 따라 한참을 가야 하는 외진 해변에 있는 작고 아늑한 기도 움막에 모였다. 그곳에서 우리는 하나님을 만나고, 주님의 임재 안에 깊이 잠겼다. 낮에는 맑고 푸른 아프리카의 하늘이, 밤에는 빛나는 달이 우리를 덮었다. 야생 그대로의 자연은 매우 평화롭게 느껴졌다.

이번 모임은 아이리스 역사에 길이 남을 기념비적인 것이었다. 처음으로 아이리스 전 세계 본부의 핵심 지도자들이 함께 모여 기도하고, 예배하고, 꿈꾸며 하나임을 발견했다. 수십 개국에서 온 100명이 훨씬 넘는 선교사들과 현지인 사역자들이 아프리카의 외진 작은 곳 펨바에 모였다. 여러 날 동안 우리는 함께 먹고 마시고 울고 웃고 기뻐했으며, 격려와 간증을 통해 믿음 안에서 서로를 세워주었다. 초청 강사인 빌 존슨 목사님은 거룩한 임재의 깊이를 더했다.

우리 안에 형성된 깊은 유대와 하나님께서 우리 가운데 행하고 계신 일들을 돌아보며 우리는 경외감에 빠졌다. 현재 우리는 하나님을 섬기는 삶을 즐기고 있다. 사실 그것은 30년 전 하이디와 내가 처음 선교를 시작했을 때에는 결코 예견할 수 없었던 것이었다.

이 집회를 통해 지도자인 우리들은 아이리스를 '아이리스답게' 만드는 것이 무엇인지에 대해 이전과는 전혀 다른 방식으로 이해했다. 헬라어이자 포르투갈어인 아이리스는 '무지개'란 뜻을 지닌다. 하이디와 나는 처음에 춤과 드라마를 곁들인 기독교 문화사역을 시작했다. 현재 우리는 서로 다른 창조적 재능을 가지고 동역하는 우리의 사역을 무지개라고 생각한다. 그 무지개를 통해 주님은 아름다운 결과들을 계속해서 빚어내신다.

우리는 성도에게 단번에 주신 믿음의 도를 위하여 힘써 싸우고 있으

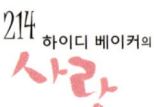

며(유 1:3), 새롭거나 독특하거나 기발한 것을 강조하지 않는다. 우리는 가능한 한 논란거리를 만들지 않으며, 모든 기독교 내의 흐름들과 거듭난 신자라면 논쟁의 여지 없이 공유할 수 있는 것들을 나누려고 한다. 그것은 다음과 같다.

- 단순한 복음의 영광
- 철저한 회개와 예수님에 대한 믿음
- 그리스도를 향한 단순하고 순전한 헌신
- 십자가의 능력을 앗아가는 모든 것을 멀리함
- 그리스도와 십자가에 달리신 주님 이외에는 아무것도 알지 않기로 결단함
- 믿음으로 말미암는 의를 추구함
- 하늘 아버지의 양자 됨으로 인한 변화
- 오직 믿음으로 역사하는 사랑만이 중요하다는 신념
- 죽은 자 가운데서 부활에 이르려는 소망

순회전도사역을 하다가 가난한 자들을 위해 걸음을 멈추기로 방향을 바꾼 이후, 우리의 선교접근법은 보다 더 전인적인(holistic) 것이 되었다. 우리에겐 선택의 여지가 없었다. 사람들이 목말라하고 굶주려 할 때, 우리가 할 수 있는 가장 거룩한 일은 시원한 냉수와 신선한 떡을 제공하는 것이었다. 그러나 우리는 단순한 사회사업가가 아니다. 우리에겐 하늘

에서 내려오신 신선한 떡이신 예수님이 계시기 때문이다.

> 우리가 그를 전파하여 각 사람을 권하고 모든 지혜로 각 사람을 가
> 르침은 각 사람을 그리스도 안에서 완전한 자로 세우려 함이니
> (골 1:28)

이 과정에서 우리는 고아원, 혹은 교회나 성경학교, 구호단체 중 하나에만 집중할 수 없다는 것을 알게 되었다. 우리는 밀림 컨퍼런스를 열거나 농장을 만들거나 기부금 모으기만 할 수 없었다. 또한 단지 교육과 기술원조 분야의 전문가가 되는 것이 목표가 될 수 없었다. 전 세계에 퍼져 있는 국제단체인 우리는 이 모든 것을 다 포함한 활동을 할 수 있어야 했고, 그 이상의 것을 해야 했으며, 사도행전에 나오는 바울의 태도를 지녀야만 했다.

> 내가 달려갈 길과 주 예수께 받은 사명 곧 하나님의 은혜의 복음을
> 증언하는 일을 마치려 함에는 나의 생명조차 조금도 귀한 것으로
> 여기지 아니하노라 (행 20:24)

그러나 우리는 삶과 사역의 핵심적이며 절대불가결한 요소들 중 몇 가지가 논란거리가 된다는 것을 발견했다. 그러나 우리는 이러한 것들이

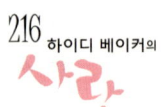

그리스도인의 삶과 사역에 있어서 매우 정상적인 것이며, 그것을 특별하고 비범한 것으로 여기지 말아야 한다고 생각한다. 우리는 이런 가치들을 소중히 여기고 보호하고 키워서 다른 이들에게 전달해줘야 한다는 것을 분명히 깨달았다. 만일 우리가 이런 가치들을 잃는다면, 아이리스는 제대로 기능을 발휘하지 못하여 지금과 같은 모습을 갖출 수 없었을 것이다. 이 모든 요소들이 함께 역사할 때, 그것은 마치 영적인 연쇄반응처럼 성령 안에서 생명과 열기를 만들어냈다. 다음의 5가지 가치는 우리에게 매우 중요한 가치이며, 성령께서도 리더십 모임에서 가장 중요한 것임을 가르쳐주셨다.

1) 우리가 의를 위해 하나님의 사랑을 나눈다면, 주님의 임재 안에서 그분과의 친밀감과 교통과 교제를 경험할 수 있다.

종종 선교엔 로맨스가 없다고 가르치는 사람들이 있다. 우리도 선교가 단지 지상명령에 순종하는 결단일 뿐이며, 중요한 것은 감정과 상관없이 일을 완수하는 것이라고 배웠다. 그리고 복음을 선포할 때, 영적인 체험은 필요 없으며 하나님과의 친밀감이나 주님의 임재가 없어도 사역할 수 있다고 배웠다.

그러나 지금은 반대로 생각한다. 불과 고난을 지나면서 우리는 "너희가 온 마음으로 나를 구하면 나를 찾을 것이요 나를 만나리라"(렘 29:13)는 말씀을 경험하게 되었다. 실제로 이 말씀대로 하나님을 구하지 않았다면, 지금 우리가 하는 일들을 결코 할 수 없었을 것이다. 실제로 우리가 먼저 우리를 향한 하나님 아버지의 사랑을 경험하지 못하면, 포기를 모르는 초자연적 사랑을 할 수 없다. 보이지 않으시는 하나님의 광채이시며 형상이신 예수님은 우리의 연인이시며 최고로 완벽한 친구이시다. 그러므로 우리의 첫 번째 가치는 죽음보다 더 강한 사랑을 지닌 열정적인 관계 안에서 주님을 아는 것이다(아 8:6).

우리는 선교전략, 방법, 프로젝트, 기금 모금에 관심을 쏟기보다 세상이 그렇게 필요로 하고 갈망하는 하나님의 생명을 소유하는 일에 관심을 쏟는다. 그러나 아무 생각 없는 비인격적인 신비주의에 끌리지 않는다. 그것은 의미가 없는 경험일 뿐이다. 우리는 열정적으로 진리를 추구하지, 행복의 실제적 기초가 없는 동방종교의 균형이나 평온을 추구하지 않는다. 우리는 마음으로 하나님과 관계를 맺는다. 그리고 주님과 관계를 맺고 상호작용하는 가운데 생명과 기쁨을 발견한다. 우리가 주님을 발견할 때, 모든 것을 발견하고 얻는다. 주님이 없으면 우리는 참된 가치가 있는 그 어떤 것도 행할 수 없다.

2) 우리는 모든 것에 있어서 주님을 온전히 의지한다. 그리고 우리 자신이 바로 서고 복음을 확증하기 위해 모든 종류의 기적을 필요로 하고 기대한다.

사역을 하면서 인간의 한계와 막대한 필요에 직면하게 되면, 우리

가 가진 자원과 지혜와 사랑은 급속하게 소진된다. 우리는 극한의 가난과 질병, 악한 영들의 공격 그리고 온갖 종류의 죄악에 맞닥뜨린다. 그러나 동시에 흥분과 기쁨으로 우리의 능력을 넘어서는 복음의 능력을 본다. 우리는 복음을 의지하여 흑암 속으로 달려간다. 오직 하나님의 능력만이 세상에 소망이 되기 때문이다. 우리는 하나님의 능력을 구하고 이를 귀히 여기는 것에 대해 부끄러워하지 않는다. 왜냐하면 이것이 없으면 사랑은 불완전하며, 온전히 기능할 수 없기 때문이다. 사랑은 결코

병자를 위해 기도하는 하이디. 이날 11명의 청각장애인이 고침을 받았다.

무능하지 않다.

    하이디와 나는 산상수훈의 말씀대로 사는 꿈을 품고 선교를 시작했다. 우리는 주님이 하신 말씀을 그대로 받아들여서 내일 일에 대해 염려하지 않았다. 우리는 실제로 극한의 필요들을 해결하고, 걱정 없이 살며, 순전한 동기를 가지고 언제든지 자유롭게 축복하고, 오직 하나님만을 바라보며 주님께 우리의 몸과 마음이 필요로 하는 것을 구하는 삶을 꿈꿨다. 우리는 후원을 받기 위해 좌우를 살피지 않았다. 장애물을 만날 때마

컨퍼런스에 참석한 밀림의 신자들이 주님의 임재에 깊이 잠겨 기도하고 있다.

다 우리는 오직 그리스도의 십자가만을 신뢰했고, 우리가 주님을 신뢰하는 가운데 기적을 구하는 것을 하나님께서 매우 기뻐하신다고 확신했다.

우리는 여전히 기적들을 경험할 것이라 믿는다. 왜냐하면 우리가 이것을 소중히 여기고 구하기 때문이다. 또한 기적들이 우리로 주님에게서 멀어지게 하지 않는 한, 주님께서 능히 허락하실 것을 알기 때문이다. 주님을 위해 우리는 날마다 생명을 버린다. 이는 주님의 능력으로 인해 우리가 생명을 잃지 않고 넉넉히 이긴다는 것을 알기 때문이다.

모잠비크에서 아이리스가 성장하는 원동력은 사랑과 능력이 결합된 사역에 있다. 우리는 이 둘 중 하나를 선택하지 않는다. 대신 우리는 예수님의 사랑 안에 거하면서 동시에 예수님보다 더 큰 일을 행하길 기대한다.

3) 우리는 깨어지고 비천한 자들 가운데 부흥이 일어나길 기대하며 가난한 자들을 최우선순위에 두고 사역한다. 하나님은 세상의 약한 자들과 멸시받는 자들을 택하셔서 교만한 자들을 부끄럽게 하시고, 주님의 힘과 지혜를 증거하신다. 우리는 언제나 더 낮은 곳을 향한다.

우리는 전문가가 아니다. 우리는 어떻게 교회사역을 하고, 부흥을 이루는지에 대해 배우지 못했다. 단지 우리는 하나님의 능하신 손 아래에서 겸손히 행할 뿐이다(벧전 5:6). 우리는 세상의 낮은 곳을 향한다. 다른 사람들과 경쟁하거나 비교하는 것은 우리의 DNA와 맞지 않는다. 우리는 성공하거나 뛰어나야 한다는 압박감을 느끼지 않는다. 대신 성령의 능력으로 행하는 것에 대해 크게 기뻐할 뿐이다.

하나님의 방법은 세상의 방법과 반대이다. 우리는 영향력이 없는 사람들을 위해 시간을 사용한다. 우리는 소외된 소수의 사람들에게 관심을 집중하며, 단 한 사람을 위해 걸음을 멈춘다. 이를 통해 어느 누구도 관심을 보이지 않을 때, 하나님은 관심을 보이신다는 것을 보여준다. 이렇게 우리는 소외되고 잊혀지고 외로운 자들에게 다가간다. 우리는 어느 곳이든 가서 마음이 약하고 좌절감에 빠진 가난한 자들, 즉 하나님이 정말 필요한 자들을 섬길 것이다.

4) 우리는 그리스도인의 삶에 있어서 고난이 얼마나 가치 있는 것인가를 이해하고 있다. 사랑하는 법을 배우려면 의를 위해 기꺼이 고난을 받을 수 있어야 한다. 연단(discipline)과 시련은 우리를 성도(saints)로 만들며, 우리 안에 거룩함을 만들어낸다. 거룩함이 없이 우리는 하나님의 얼굴을 볼 수 없고, 주님의 영광에 동참할 수 없다. 바울처럼 우리도 우리의 약함 가운데 기뻐한다. 왜냐하면 우리가 약할 때, 주님이 우리의 강함이 되시기 때문이다. 엄청난 압박과 고난 속에서 우리는 죽은 자를 살리시는 하나님을 의지하는 법을 배운다(고후 1:9).

예수님은 악을 악으로 갚지 않으시고, 그들과 싸워 승리하셨기에 상

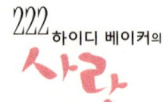

급을 받으셨다. 천국에서의 우리의 상급도 동일하게 하나님의 뜻을 행한 것에 대한 것이리라 믿는다. 그러므로 우리는 주님이 보여주신 모범을 생각하며 필요하다면 피 흘리기까지 죄에 대항한다(히 12:3).

예수님은 원수들을 능력이 아닌 사랑으로 이기셨기에 영광을 받고 계신다. 그러나 그러한 사랑에는 고난이 뒤따른다. 그것은 한쪽 뺨을 맞았을 때 기꺼이 다른 뺨도 돌려대는 것이며, 5리를 가자면 10리를 가주고, 우리 자신을 부인하며 십자가를 지고 주님을 따르는 것이다. 주님은 우리에게 가치 있는 유일한 길을 보여주셨으며, 천사들도 주님에 대해 "죽임을 당하신 어린 양은 능력과 부와 지혜와 힘과 존귀와 영광과 찬송을 받으시기에 합당하도다"라고 노래한다.

천국을 유업으로 받는 데 있어서 지름길은 없다. "자녀이면 또한 상속자 곧 하나님의 상속자요 그리스도와 함께 한 상속자니 우리가 그와 함께 영광을 받기 위하여 고난도 함께 받아야 할 것이니라"(롬 8:17).

5) 주님의 고난은 엄청나게 무거운 것이었음에도 그분은 언제나 기뻐하셨다. 그 사실이 우리의 동기와 상급과 영적 무기가 된다. 주님의 임재 안에는 기쁨이 충만하며, 우리도 바울처럼 모든 환난 중에도 큰 위로를 얻는다(고후 7:4). 이것이 우리의 힘이자 에너지이며, 이것이 없으면 우리는 죽는다.

주님의 초자연적인 기쁨은 우리의 핵심가치 중 가장 논란거리가 될 수도 있다. 그러나 우리의 목표는 성령님에 대해 충분히 전해서 사람들로 하여금 사랑과 기쁨이 계속해서 넘치는 삶을 살게 하는 것이다. 하나님의 나라는 성령 안에서의 의와 평강과 희락이다(롬 14:17). 주님의 기쁨 안에서 우리는 다른 사람을 더욱 긍휼히 여길 수 있으며, 그것은 우리의 슬픔에 제한받지 않는다.

만일 우리의 배에서 생명과 기쁨의 강이 흘러나오지 않았다면, 하이디와 나는 결코 이렇게 오랫동안 견딜 수 없었을 것이다. 우리는 날마다 완전하신 구세주 예수님으로 인해 놀란다. 주님은 결국 우리 안에서 시작하신 일을 끝내실 것이다. 부정적인 태도로는 얻을 수 있는 것이 없다. 우리는 믿음으로 세상을 이기고, 걱정과 근심을 주님께 맡길 수 있다.

기쁨과 웃음 그리고 홀가분한 마음은 하나님께 무례하거나 주님과 어울리지 않는 것이 아니다. 오히려 이런 것들은 우리 안에 천국의 생명이 있다는 증거이다. 우리가 말하는 것은 슬픔으로 끝나는 값싸고 어리석은 경솔함이 아니라 진리와 구원의 실체 안에서 기뻐하는 것이며, 그것은 성령의 강력한 역사 안에서만 가능하다. 우리는 포로 되었다가 다시 시온으로 돌아오는 이스라엘 백성의 마음을 느낄 수 있다.

> 그 때에 우리 입에는 웃음이 가득하고 우리 혀에는 찬양이 찼었도다 그 때에 뭇 나라 가운데에서 말하기를 여호와께서 그들을 위하여 큰 일을 행하셨다 하였도다 여호와께서 우리를 위하여 큰 일을

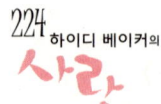

행하셨으니 우리는 기쁘도다 여호와여 우리의 포로를 남방 시내들 같이 돌려 보내소서 눈물을 흘리며 씨를 뿌리는 자는 기쁨으로 거두리로다 울며 씨를 뿌리러 나가는 자는 반드시 기쁨으로 그 곡식 단을 가지고 돌아오리로다 (시 126:2-6)

거리의 폭동

이달 초에 모잠비크의 수도 마푸토 곳곳에서 폭동이 발발했다. 치솟는 물가 때문에 점점 살기가 어려워지자 시민들이 항거한 것이다. 최근 버스 요금이 3배로 뛰었고 빵 값은 30퍼센트가 올랐으며, 쌀 50킬로그램짜리 한 부대의 가격이 모잠비크 시민의 평균 한 달 월급의 절반까지 올랐다. 현재 이 나라의 실업률은 14퍼센트이다. 게다가 통화의 가치가 크게 평가절하되었다. 생존을 위해 대부분의 것을 수입해야 하는 나라에서 이것은 너무도 힘든 일이다.

사람들이 벽돌과 돌, 파이프와 나무로 도로를 차단하자 도시의 삶이 마비되었다. 버스들이 전복되고 화염에 싸였으며, 자동차들과 주유소가 불탔다. 사람들은 자동차에 돌을 던져 창문의 유리를 깼으며, 봉쇄선을 돌파하려는 모든 자들을 공격했다. 경찰은 완강하게 저항하는 군중들을 진압하기 위해 최루탄을 비롯하여 고무탄과 실탄을 모두 발사하기

폭동을 진압하기 위해 실탄을 사용하는 경찰

시작했다. 이로 인해 10명이 사망했고 300명이 부상당했다. 학교(우리 학교도 포함된다), 상점 그리고 공항이 폐쇄되었고, 폭동이 다른 도시들로 확산될 기세였다.

지금은 진정된 상황이지만, 최근의 사태를 통해 세계에서 여섯 번째로 가난한 모잠비크의 대부분의 사람들이 얼마나 가난하고 비참하게 살고 있는가를 다시 한 번 느낄 수 있었다. 지금까지 수많은 사람들이 주님께로 나와 큰 축복을 받는 것을 보았지만, 복음이 이 땅을 덮을 때까지 우리는 계속 전진해야 한다. 엄청난 도전과 악한 영들의 저항에 직면한 지금, 믿음 안에서 우리와 함께 이 나라의 평화와 안정과 경건과 번영을 위해 기도해줄 것을 부탁드린다.

지난 15년 동안 우리는 이곳에서 놀라운 부흥을 목격하였다. 그러나 여기에서 멈추지 않을 것이다! 하나님의 나라에서 최선은 언제나 미래에 있다! "예수님, 주께서 시작하신 일을 온전히 이루시고, 모잠비크가 아프리카에서 당신의 약속이 성취되는 모본이 되게 하여 주소서."

더 좋은 것을 얻다

지난 10년 동안 나는 모잠비크 전역에서 어떻게 부흥이 일어났는지에 대해 글을 썼다. 그것이 가능했던 이유 중 하나는, 기증받은 세스나 206을 타고 밀림을 찾아가 컨퍼런스를 열고, 본부에서 멀리 떨어진 곳에서도 구호작업을 펼칠 수 있었기 때문이었다.

터키와 면적이 비슷한 모잠비크는 비교적 큰 나라이다. 해안선의 길이만 해도 멕시코에서부터 알래스카에 이르는 길이와 맞먹을 정도이다. 이 나라에는 도로가 매우 부족하며, 그나마 대부분은 비포장도로이다. 그나마 도로 사정이 좋지 않아 이용하지 못할 때가 많고, 심지어 4륜구동차량조차 다니기 어려울 때가 많다.

우리가 만일 비행기 대신 차량으로 이동했다면, 시간도 많이 걸리고 고장도 잦아 중요한 사역들을 지금처럼 감당할 수 없었을 것이다. 세스나 비행기를 전용기도실 삼아 우리는 동아프리카의 상공을 부지런히 날아다녔다. 그러나 마귀는 우리가 하는 모든 일에 강하게 저항했다. 9월 3일 밤, 하나님께 받은 선물이자 나의 애마인 세스나는 급작스런 종말을 맞이했다.

당시 나는 모잠비크를 떠나 있었고, 우리 비행기는 예배를 위해 펨바에서 남아프리카로 이동 중이었다. 미국 민간항공기 조종사 출신인 앤드류 허버트가 비행기를 조종하고 있었다. 목적지에 거의 다다랐을 무

밀림에 떨어진 세스나206의 잔해

렵, 비행기는 갑자기 베이라 도심 8천 피트 상공에서 어둠 속에 낙하하기 시작했다. 프로펠러가 떨어져나가 비행기가 균형을 잃은 채 휘청거리며 통제 불능 상태가 된 것이다.

앤드류는 분당 2천 피트의 속도로 떨어지는 중에도 비행기를 수평으로 세우려고 애썼지만, 결국 칠흑같이 어두운 밤에 강제 착륙을 해야만 했다. 착륙등을 켰지만 아무것도 볼 수 없었고, 밀림의 나무 위에 내려앉은 비행기는 쟁기질하듯 요동쳤다. 비행기는 완전히 망가졌다. 하지만 감사하게도 앤드류는 기적적으로 살아났다. 다른 곳은 멀쩡했고, 단

나무를 들이박은 비행기 안에서 조종사가 기적적으로 생존하여 걸어 나왔다.

지 턱이 크게 찢어졌을 뿐이었다.

추락 사고는 오후 7시쯤 일어났다. 소식을 들은 베이라의 친구들이 비행기의 잔해를 찾아 나섰다. 그들은 몇 시간 동안 진흙탕에 빠져가며 계속해서 강과 늪지대를 수색하였다. 가는 곳마다 마을 사람들에게 비행기 소리를 듣거나 보았는지 물었다. 마침내 그들은 사고 현장에 도착할 수 있었고, 새벽 2시에 앤드류를 찾아냈다. 생존한 앤드류를 발견한 사람들은 너무나 기뻐하며 그를 지켜주신 하나님께 진심으로 감사드렸다.

항공 당국은 현재 이 사고를 조사하고 있다. 최근 정기점검을 통해 운항해도 좋다는 허가를 받은 후에 일어난 사고이기 때문이다. 이 일은 우리가 계속해서 심각한 영적 전투 중에 있다는 사실을 일깨워준다. 우리는 모든 면 있어서 당신의 기도와 중보가 필요하며, 이를 소중하고 감사하게 여긴다.

이제 우리의 관심은 새로운 비행기인 퀘스트 코디악(Quest Kodiak)에 쏠려 있다. 우리는 이 비행기를 내년 초에 받을 예정이다. 퀘스트 코디악은 고성능 터보프로펠러가 10개 이상 장착된 비행기로, 특별히 밀림지대 선교를 위해 설계되었다. 속도, 탑재량, 견고성, 유용성, 짧은 착륙 거리 등 여러 면에서 이 비행기는 우리에게 적절한 요건들을 갖추고 있다. 사탄이 갑작스런 사고로 우리를 방해하려 했지만, 우리는 오히려 더 좋은 선물을 받게 되었다.

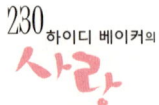

영적 전투

우리는 아프리카의 영혼들을 구하기 위해 큰 씨름을 하고 있다. 이곳에서의 전투는 다른 곳에처럼 혈과 육에 대한 것이 아니라, 하늘의 악한 영들에 대한 것이다(엡 6:12). 최근에 치른 영적 전투는 형언할 수 없을 정도로 치열했다. 그러나 동시에 우리는 완전하신 구세주 안에서 안식할 수 있었다. 주님은 항상 수많은 사람들의 중보기도를 통해 우리를 지켜주신다.

우리의 가장 큰 만족과 기쁨은 전 세계의 아이리스 본부가 새롭게 세워지고 성장해가는 것과 더불어 성령께서 모잠비크 전역의 영적으로 굶주린 수많은 사람들을 사랑과 기쁨으로 채워주시는 것을 보는 것이다. 이처럼 큰 열매들은 낙심과 공격 그리고 인력 확보라는 엄청난 도전과 비극적인 실패들이 공존하는 현실 속에서 맺어진다. 그러나 이런 난관에도 불구하고 우리는 계속해서 하나님이 우리 가운데 행하신 모든 일로 인해 심히 기뻐한다. 우리는 주님의 임재를 경험하고, 오직 주님만이 하실 수 있는 일들을 우리가 상상할 수 없는 방법으로 행하시는 것을 보기 위해 살아간다.

묵상의 시간

내 계명은 곧 내가 너희를 사랑한 것 같이 너희도 서로 사랑하라 하는 이것이니라 사람이 친구를 위하여 자기 목숨을 버리면 이보다 더 큰 사랑이 없나니 (요 15:12-13)

참된 행복과 평화를 누리려면 아무것도 아닌 존재가 되어야 한다. 우리는 이 원리를 발견하고는 아무것도 아닌 존재가 될 때의 기쁨을 알게 되었다. 우리는 모든 답을 알지 못하며, 오직 하나님만이 답을 아신다. 우리는 답이 아니며, 하나님만이 답이시다.

하나님이 우리에게 원하시는 것은 우리의 생명을 그분께 내어드리는 것이다. 당신이 모든 계획을 멈추고 주님께서 날마다 인도하시도록 내어드릴 때, 얼마나 많은 스트레스가 사라지는지 아는가?

그러므로 예수께서 그들에게 이르시되 내가 진실로 진실로 너희에게 이르노니 아들이 아버지께서 하시는 일을 보지 않고는 아무 것도 스스로 할 수 없나니 아버지께서 행하시는 그것을 아들도 그와 같이 행하느니라 (요 5:19)

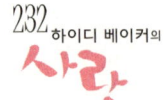

이렇게 말씀하신 이는 바로 지극히 높으신 하나님의 아들 예수님이시다. 주님은 우리에게 어떻게 하면 아무것도 아닌 존재가 될 수 있는지를 말씀해주신다. 예수님은 하나님 아버지께서 하시는 것을 보고 그대로 행하셨다. 주님은 하나님께서 하라고 말씀하시는 것만 하셨다. 이렇게 할 때 우리가 얼마나 큰 짐을 벗게 되는지 모른다. 우리는 모든 것을 생각하고, 모든 곳을 가고, 모든 것을 행할 필요가 없다. 우리는 그저 하나님이 우리에게 하라고 말씀하시는 것만 하면 된다.

하나님께서 당신에게 맡기시는 일은 무엇인가? 그것은 남편이나 친구를 격려하는 일, 자녀들을 위해 뭔가 특별한 것을 계획하거나 아이를 입양하거나 병들었거나 스스로를 돌볼 수 없는 누군가를 돌보는 것이다. 우리는 단지 우리가 가지고 있는 작은 것을 드리기만 하면 된다. 주님은 많은 것을 기대하지 않으신다. 하나님은 우리가 순종으로 드린 작은 것을 취하여 오병이어의 기적을 일으키신다.

주님께 당신이 행하기 원하시는 일이 무엇인지 보여 달라고 구함으로써 하루를 시작해보지 않겠는가? 하루에 한 가지씩 말이다. 만일 당신이 어떤 사람이 되어야 할지, 어디로 가야 할지, 어떻게 목표에 도달할 것인지에 대해 걱정할 필요가 없다면, 당신의 어깨는 매우 가벼워질 것이다. 우리가 하나님의 인도하심을 따르기로 결단하고 자신의 야망을 내려놓을 때, 주님은 새로운 길을 내신다. 우리는 더이상 모든 것을 이루려고 애쓸 필요가 없다. 이제 자신의 힘보다는 주님의 힘을 의지하며 살지 않겠는가? 주님의 능력은 우리가 연약할 때에 온전해진다.

어렸을 때, 당신은 자신의 인생을 계획하지 않았고, 먹을 것을 구하지 않았으며, 모든 것에 대해 책임을 지지 않았다. 영적인 원리도 이와 같다. 주님은 우리를 자녀로 삼으시고 우리를 향해 팔을 넓게 벌리신 채 그분의 인도하심과 공급하심을 믿고 따르라고 말씀하신다. 나는 우리가 돌보는 아이들을 어떻게 먹일 것인가에 대해 걱정하며 밤늦게까지 잠을 설치지 않는다. 왜 그런가? 왜냐하면 그들은 내가 아닌 하늘 아버지의 소유이기 때문이다. 이는 내가 어떤 것을 하든, 어느 곳을 가든, 주님께서 나를 인도하고 계시다는 사실을 알기만 하면 자유를 누릴 수 있다는 것을 의미한다.

이제 당신이 주님의 자녀이기 때문에 자유로운 존재라는 것을 알았는가? 당신은 주님이 당신에게 사랑하라고 맡기신 사람들을 숫자에 상관없이 사랑할 자유가 있다. 화장실을 청소하거나 비행기를 타거나 무슨 일을 해도, 그것이 주님이 원하시는 일이라면 자유로울 수 있다. 우리는 그분이 원하시는 대로 섬김을 받으시기에 합당하신 주님을 자유롭게 섬길 수 있으며, 심지어 죽을 때도 그럴 수 있다(빌 2:8).

우리는 큰 기쁨과 평강 가운데 우리의 생명을 드릴 수 있다. 왜냐하면 우리가 아무 것도 잃지 않는다는 것을 잘 알기 때문이다. 당신이 어떤 사람이 되어야 할지, 어디로 가야 할지, 어떻게 목표를 성취해야 할지 걱정할 필요가 없다면 당신의 어깨는 매우 가벼워질 것이다.

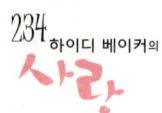

트럭 위에 설치된 무대에서 복음을 전하는 하이디

Chapter 16 우리의 핵심가치

Learning to Love

Part 4
오직 주의 영으로

Chapter 17

아이리스와 함께한 여정

"예수님은 살아 계시며 지금 이곳에 계신다."

{ Rolland Baker }
롤랜드 베이커

어제 하이디와 나는 펨바의 집으로 돌아왔다. 날씨가 너무 더워 온몸에 땀이 흐르고 옷은 흠뻑 젖었다. 발이 먼지와 진흙으로 엉망이 된 우리는 정말 선교사처럼 보였다! 모잠비크인 사역팀원들과 두 명의 단기방문객도 삐걱거리는 낡은 차에 몸을 싣고 우리와 함께 돌아왔다. 우리는 밀림에 있는 한 마을을 방문해서 모든 것을 쏟아부은 후, 한 가족이 되어 행복한 마음으로 집으로 돌아왔다. 빈자리는 물론 무릎 위와 다리 아래까지 곳곳에 장비와 물품들이 산더미처럼 쌓였지만, 우리는 돌아오는 내내 영혼을 섬기는 순전한 기쁨에 대해 쉬지 않고 이야기했다. 우리는 참으로 부요한 자들이다!

우리가 이용하는 차는 비교적 느리고 상부가 무거운 편이지만 매우 실용적이다. 넓고 탄탄한 지붕 선반엔 온갖 텐트와 침낭을 비롯한 다양한 야영장비들을 싣기에 좋다. 자동차엔 장거리 여행용 코일스프링 서스펜션이 달려 있어서 진흙길과 깊게 패인 길 등 어느 곳이든 거의 다 갈 수 있다. 이 차는 선교의 주요장비이며, 우리 팀원들도 이 차처럼 사역한다. 전도는 우리의 주요사역이며 매주 행해지는 일상이다. 그러나 하나님께서 그 가운데 행하시는 일들은 일상처럼 평범하지는 않다.

모잠비크의 온갖 문제에도 불구하고 현재 우리가 살고 있는 북부 지역 전역에 부흥이 깊이 뿌리를 내렸다. 마귀는 우리의 온갖 부족함과 실수를 지적하지만, 우리는 그저 우리의 연약함을 자랑하고(고후 12:9) 하나님께서 보여주시는 강력한 능력으로 인해 기뻐할 뿐이다. 우리는 주님의 자녀 된 것을 기뻐하고, 그 사실로 인해 큰 힘을 얻는다. 이런 초자연적인 능력은 하나님께 속한 것이며, 우리에게서 난 것이 아님이 분명하다(고후 4:7).

이번 전도는 이틀 전인 목요일부터 시작되었다. 우리는 먼저 뚜껑이 덮인 4톤짜리 트럭 두 대를 보냈다. 이 트럭에는 주로 방문객들과 모잠비크인 사역자들이 탔다. 그리고 음향시스템과 비디오 프로젝터, 발전기 그리고 사역에 필요한 온갖 것들이 실려 있다. 우리의 장비는 모두가 상처투성이에 찌그러지고, 흙먼지로 얼룩져 있지만 작동은 잘 된다. 여기는 아프리카다! 팀원들은 몇 시간 동안 엉덩이를 들썩거리며 거친 도로 위를 달리는 엄청난 경험을 한다. 무더위 속에서 음식을 만들고 딱딱한 바닥에 앉아야 하지만, 어떻게 보면 이것은 대단한 특권이다.

오후 늦게 선발대가 마을에 도착하면, 먼저 텐트촌을 만드느라 바쁘다. 텐트촌은 이런 시설을 한 번도 사용해본 적이 없는 모잠비크의 시골 사람들에겐 너무나 신기한 구경거리다. 그들은 그저 잡초로 만든 방석만 있으면 충분하기 때문이다. 한편 다른 팀원들은 부지런히 발전기와 음향

시스템 그리고 비디오 프로젝터를 설치한다. 이제 마을 사람 전부가 또 한 번 별이 빛나는 아이리스의 밤을 기대하며 몰려든다. 그리고 그들의 관심의 중심에는 하나님이 계시다. 이제 이 지역에서 우리가 사역하지 않은 마을을 찾기가 어려울 정도이다. 우리는 이 마을을 3년 동안 계속 찾아왔으며, 올 때마다 마을 사람들의 복음에 대한 이해와 경험은 더욱 깊어지고 있다. 현재 이 지역에 약 2천 개의 교회가 세워졌다!

날이 어두워지자 후발대가 도착했다. 영화를 상영할 때에는 멀리서도 빛나는 스크린을 찾을 수 있다. 우리는 예수님의 생애를 다룬 이 영화의 세부사항까지 다 외울 정도지만, 마을 사람들은 다시 한 번 보기 위해 이곳에 모였다. 그들은 최면에 걸린 듯 요동함이 없다. 글을 읽지 못하는 사람들이 많은 이곳에서 이 영화는 누구에게나 잊지 못할 특별한 것이다. 이 영화가 그렇게나 많은 언어로 녹음되었다는 것은 정말 놀랍기 그지없다. 심지어 지구 끝에 있는 이곳 마쿠아어로도 녹음이 되었으니 말이다.

프로젝터의 불빛만 빼곤 모든 것이 캄캄하다. 달빛도 없고 수많은 별들만 빛난다. 이 마을에는 전기도, 전등도, 배터리도 없다. LCD 헤드라이트를 쓰고 있는 방문객들이 고개를 끄떡이는 것과 그들의 포켓 카메라에서 터져 나오는 플래시 섬광만이 간혹 보인다. 이제 이 마을에 사는 아프리카 친구들도 우리 팀들을 잘 안다. 우리는 그들의 즐거운 놀이 상대이자 친구이다. 영화 끝부분에 가면 제자들이 예수님께 엎드려 경배하는 장면이 나온다. 이 부분이 나올 때가 되면 우리는 무대를 향해 서치라이트를 켠다. 이때 발전기는 정말 온 힘을 다해 빛을 비춘다!

그 순간 하이디가 무대로 나와 마쿠아어와 포르투칼어로 말씀을 전한다. 생명력이 넘치는 그녀의 목소리는 매우 매력적이다. 사람들은 그녀의 등장에 크게 기뻐한다. 그녀가 예수님은 살아 계시며, 지금 이 자리에 계시다고 선포하고 나서 우리는 정성껏 준비한 선한 사마리아인의 이야기를 연극으로 보여준다. 연극을 접할 수 없는 이들에게 이 연극은 매우 강한 인상을 남긴다. 마치 모든 사람들이 예수님이 그들 가운데 계시길 원하는 것처럼 보인다.

그들은 이전에 너무나 어두운 곳에 있어서 다가갈 수 없던 자들이었다. 그러나 지금은 대부분의 사람들이 성령을 원하고, 많은 사람들이 기도 받기를 원한다. 사람들은 더 좋은 마음을 갖길 원하며 더 많은 사랑과 기쁨, 그리고 더욱 충만한 주의 임재를 원한다. 우리는 이러한 열정을 부끄러워하지 않는다. 우리의 집회는 그러한 마음을 표출하는 시간이자 하늘의 선물을 받는 시간이며, 아프리카 특유의 색깔을 마음껏 드러내는 시간이다! 그리고 성령께서도 그런 우리를 응원하시고 기뻐하신다.

많은 사람들이 병 낫기를 위해 기도 받기를 원한다. 그래서 우리 팀원들은 사방으로 퍼져서 병자들에게 안수한다. 이 마을에는 워낙 자주 왔기 때문에, 필요가 상대적으로 적은 편이다. 그러나 이번에도 한 사람이 완전한 치유를 받았다. 그의 한쪽 귀는 거의 들리지 않았고 다른 귀

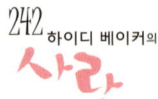

는 완전히 듣지 못했는데, 이날 깨끗이 치유 받았다. 최근에 우리는 거의 매주 청각장애인들이 고침 받는 것을 보았다.

마을 주민들은 우리가 자신들을 축복하기 위해 그렇게 멀리서 많은 비용을 들여서 온다는 사실에 매번 놀라고 위로와 힘을 얻는다. 그들은 우리가 숨은 동기를 가지고 온 것이 아니라는 것을 알기에, 자신들이 진실한 사랑을 받는다는 것을 피부로 느낀다. 집회 후에 그들은 우리에게 최고의 음식을 대접함으로써 그 사랑에 보답한다.

그날 밤 우리는 평범한 스파게티와 참치를 가져왔지만, 그들은 밀림에서 키운 닭으로 만든 맛있는 음식을 우리에게 대접했다. 정말이지 우리는 그렇게 맛있는 음식을 먹어본 적이 없었다. 그들은 이것을 어떻게 요리했는지에 대해 친절하게 설명한다. 먼저 닭을 잡아야 한다. 이 점이 매우 중요하다. 그런 다음 털을 뽑고, 내장을 제거한다. 그리고 닭을 솥에 넣고 젓는다. 어느 정도 시간이 지나 소리를 내며 끓기 시작하면 닭이 익은 것이다. 그 다음 그들은 놀랍게도 토마토, 양파, 마늘, 향신료 등을 가지고 와서는 상상할 수 없이 맛있는 소스를 만든다. 앨버트슨(Albertsons, 미국의 슈퍼마켓 체인 – 역주)에서 이렇게나 멀리 떨어진 밀림에서 어떻게 이 모든 재료들을 구했단 말인가? 그들은 옥수수로 만든 케이크를 커다란 접시에 담아가지고 나왔다. 그리고 우리는 삶은 닭을 솥에서 꺼내 진한 적갈색의 맛있는 소스에 찍어서 먹었다. 그러나 이렇게 먹는 경우는 매우 드물며, 이 귀한 요리는 가장 특별한 날에만 맛볼 수 있다.

자정이 되면 우리는 텐트로 들어가 입구의 지퍼를 올린 뒤, 항상 들고 다니는 스프레이로 마지막 벌레까지 다 잡고 잠자리에 들 준비를 마친다. 나는 성경을 보고 글을 쓰려고 했지만, 너무 피곤했다. 오늘 하루도 하나님의 나라를 위해 열심히 일한 만큼 행복한 마음으로 잠을 청했다.

밀림에서는 하루의 시작이 이르다. 동이 틀 새벽 무렵이면, 마을 아이들이 누가 먼저 나오는지 보기 위해 흥분된 마음으로 텐트 주변에 몰려든다. 헝클어진 머리와 편한 옷차림을 한 외국인 친구들이 칫솔을 들고 간이화장실로 향한다. 멤버 중 한 사람이 이 간이화장실에 빠졌는데도 놀랍게 그는 전도여행을 계속하겠다고 했다. 사람들이 모이자 방문자

간단하게 아침을 먹으며 이야기를 나누는 선교팀과 마을 주민들

마을에서 아이들을 가르치는 광경

뒤에 앉아 열심히 듣는 남자들

Chapter 17 아이리스와 함께한 여정

들과 마을 주민 모두에게 잼을 곁들인 빵과 함께 뜨거운 음료를 대접했다. 축 늘어진 초가지붕 처마 아래 앉아 밀림이 우거진 숲을 바라보자니 마치 집에 온 것 마냥 만족감이 느껴졌다. 이것이 바로 선교다!

식사를 마친 후 추장을 만나 학교를 지어주기로 하고, 어디에 우물을 팔 것인지를 의논하였다. 그런 다음 우리는 아침 예배를 드렸다. 아이리스의 교회 건물은 보통 진흙과 나무막대로 지은 허름한 움막으로, 바닥은 흙바닥 그대로이고 지붕은 양철로 덮여 있다. 이곳의 예배당은 최근 폭풍으로 심하게 훼손되었고, 지붕이 절반이나 날아가 버렸다. 그럼에도 불구하고 모든 사람들은 기쁜 마음으로 함께 모여 소박한 밀림의 성막에서 하나님의 임재를 누렸다. 역동적이고 리듬감 넘치는 아프리카의 드럼 소리는 우리 집회에서 빼놓을 수 없으며, 이곳의 춤과도 아주 잘 어울린다. 곧이어 아이들이 홍수같이 밀려든다. 대부분의 아프리카 사람들이 아이들을 쫓아내는 것과 달리, 우리는 그들을 쫓아내지 않는다. 우리는 아이들을 앞자리에 앉히고 정성껏 섬긴다. 우리 어른들은 그들처럼 되는 법을 배워야 한다. 만일 그렇지 않으면, 우리는 하나님 나라에 들어갈 수 없을 것이다.

부흥이 일어날 것 같지 않은 이곳 밀림에서 천국의 생명이 고동치고 있다. 우리는 복음을 분명하게 전하며, 언제나 성령 안에 있는 의와 평강과 희락을 강조한다. 이러한 일은 십자가의 능력을 믿는 믿음으로만 할 수 있다.

밝은 얼굴로 복음에 귀 기울이는 주민들

우리가 기도할 때 성령께서는 많은 방문객들과 선교사들과 목회자들, 심지어 마을의 추장에게까지 임하신다. 은혜롭게도 하나님은 말로 표현할 수 있는 것보다 더 많은 사랑과 기쁨으로 우리를 채워주신다. 우리는 아프리카의 밀림에서 하나님만이 높임을 받으시길 기도한다. 그리고 오직 예수님만이 유일한 구세주이심을 순전하게 믿는 이 귀한 성도들의 삶이 큰 기쁨으로 충만하길 기도한다. 또한 우리는 우리를 하늘나라로 안전하게 인도하실 하나님의 능력을 즐거워하며, 언제나 우리와 함께하실 주님을 기뻐한다.

밀림 전도에서 가장 중요한 사역 중 하나는 그 지역 신자들 가운데 소수를 대상으로 하는 제자훈련이다. 이때 하이디는 마을의 그리스도인 지도자들과 함께 나무 그늘 아래에 자리를 잡는다. 그녀는 차분하게, 서두르지 않고 성경말씀을 가르친다. 참으로 소중한 이 시간은 여러 면에서 전도여행의 하이라이트이다. 참가들은 모두 열정적으로 그리고 간절한 마음으로 질문하고, 성경을 더욱 깊이 이해하려고 노력한다. 많은 사람들이 이미 펨바에 있는 성경학교를 다녀갔지만, 우리는 계속해서 그들을 가르치고 훈련한다. 우리의 목표는 단순히 먹을 것을 주고 믿는 자들의 숫자를 늘리는 것이 아니라 "각 사람을 그리스도 안에서 완전한 자로 세우는 것"이기 때문이다(골 1:28).

하이디가 제자훈련을 하는 동안, 팀원들은 마을 전역에 퍼져 일일이 병자들의 집을 방문하여 치유를 위해 기도한다. 마을 사람들은 이러한 방문에 너무나 큰 감동을 받는다. 그러나 동시에 방문객들은 극도로 가난한 이들의 현실에 깊은 충격을 받는다. 그러나 예수님과 서로의 존재 이외에는 거의 아무것도 없는 이 사람들의 믿음과 기뻐하는 모습에 팀원들은 오히려 깊은 감동을 받는다. 그들의 영혼에는 천국에서 흘러온 넉넉한 마음이 샘물처럼 솟아오른다.

우리의 전도여행은 맛있는 점심으로 끝났다. 마을 사람들은 언제나 우리를 최대한 존경하는 마음으로 음식을 만들고 대접한다. 이렇듯 보석처럼 아름다운 마음에 우리는 어떻게 반응해야 하는 것일까?

우리는 이곳에서 단순하고도 순전한 부흥을 목도한다. 그것은 마치

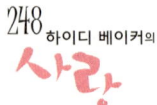

숨을 쉬는 것과 같이 자연스럽게 일어난다. 이곳에서 일어나는 하나님의 역사를 증언하는 특권을 누릴 수 있다는 것은 놀라운 축복이다. 자족함이 있는 경건은 유익이 많다. 그 안에서 우리는 평화를 누린다. 그러나 우리는 나아가 더 많은 것을 기대한다. 예수님은 가진 자에게 더 많은 것을 주시겠다고 말씀하셨다. 그래서 우리는 계속해서 더 높은 곳을 향하여 나아가고 있다.

집으로 돌아오는 길에 지방정부의 감옥에 들렀다. 그곳에서 우리는 하나님만이 하실 수 있는 일을 또 한 번 목격할 수 있었다. 아이리스의 장기선교사이자 우리의 친구인 아니아 노스터와 이전에 죄수였던 에스겔의 사역을 통해 그곳에 부흥이 일어나고 있었다. 감옥 안은 밀실공포증을 일으키기에 충분할 만큼 암울했다. 소수의 죄수들은 여전히 더럽고 참혹한 감방에 수감되어 있었고, 대부분의 죄수들은 고도의 보안장치가 되어 있는 좁고 긴 복도에 모여 있었다.

그러나 감옥에 들어서자 찬양의 함성이 우리를 맞아주었다. 감옥 전체에 한 목소리로 뜨겁게 예배하는 죄수들의 찬양이 울려 퍼졌다. 우리도 이들과 함께했다. 이 '위험한 범죄자들'이 예수님께 마음을 쏟아내는 광경은 참으로 놀라웠다. 예수님은 그들이 살아야 할 이유이며, 삶의 소망이자 구원의 기쁨이었다. 우리는 영혼이 변화된 증거 중 이처럼 강력한 증거를 거의 본 적이 없다. 변화로 가는 길, 부흥의 최첨단 장비는 바로 우리를 위해 죽으시고 다시 사신 예수님이시다. 주님은 완벽한 사랑의 화신이며, 우리 모두가 필요로 하는 능력이시다. 오직 주님을 믿는 믿음만이 이 세상을 이길 것이다.

어둡고 무서우리만큼 암울한 감옥이었지만, 그곳의 분위기는 사뭇 달랐다. 역시나 가장 어려운 시절에 필요한 것은 오직 주님의 임재뿐이다. 주님께 둔 소망은 안전하며, 주님께 맡긴 우리의 미래는 확실하게 보장되어 있다. 어쩌면 그들처럼 우리 역시 여전히 다양한 종류의 감옥에 갇혀 있을지도 모른다. 하지만 우리에겐 위대하신 구원자가 계시다!

감옥에서의 일정을 마친 후, 20분을 달려 펨바로 돌아왔다. 너무나 많은 짐을 무릎에 실어서 돌아오는 내내 거의 움직이지도 못하고, 매우 가렵고 불편했다. 얼마나 바쁜 하루였는지! 나는 샤워를 하고 시원한 콜라 한 잔을 마신 후 맛보게 될 달콤한 잠을 너무나 기다렸다. 오늘이 지나면 도로에서 보내게 될 또 다른 하루가 시작될 것이다. 우리의 최선은 여전히 미래에 있다.

묵상의 시간

이르되 너는 달려가서 그 소년에게 말하여 이르기를 예루살렘은 그 가운데 사람과 가축이 많으므로 성곽 없는 성읍이 될 것이라 하라 여호와의 말씀에 내가 불로 둘러싼 성곽이 되며 그 가운데에서 영광이 되리라 (슥 2:4-5)

최근 18일 동안 병원에 입원해 있으면서 링거를 맞았다. 병원에 있는 동안 나는 수많은 조언을 들었다. 자석치료법과 약초를 이용한 온갖 치료법에 대해서도 들었다. 그러나 결국 나는 이런 치료법들이 오히려 나를 죽일 것이라고 생각했다. 나는 이 모든 방법들에 신물이 났다.

나는 이번 증상이 단순한 질병 이상의 것이라고 생각한다. 그것이 하나님이 우리에게 말씀하시는 표적이라는 생각이 든 것이다. 우리는 부흥 운동과 하나님의 임재 그리고 성령의 아름다운 역사를 통해 번성했다. 우리는 마치 예루살렘 성전을 재건하라는 부르심을 받은 유대인들처럼 일했다. 또한 우리는 오랫동안 수많은 저항을 뚫고 수고했다. 그러나 우리는 벽을 세우지 않는다. 바로 우리가 주님의 성전이기 때문이다!

너희 몸은 너희가 하나님께로부터 받은 바 너희 가운데 계신 성령의 전인 줄을 알지 못하느냐 너희는 너희 자신의 것이 아니라 (고전 6:19)

사탄은 우리의 목적, 즉 우리가 하나님의 성전이 되는 것을 방해한다. 그가 죄로 우리를 유혹하고 공격할 수 없을 경우에는 질병이나 탈진을 사용할 것이다. 그러므로 우리는 싸워야만 한다. 그러나 우리가 싸우는 방법은 계획을 세우기 좋아하는 사람들에게는 정말 이상해 보일 수 있다. 우리의 방법은 미리 계획을 세우지 않는 것이기 때문이다. 질병이나 탈진의 경우, 계획을 세운다고 해서 치유되는 것은 아니다. 그런 때에는 순종이 가장 좋은 치유책이다.

하나님은 우리를 부르셔서 온전히 내려놓으라고 말씀하신다. 그것은 우리가 주님의 사랑과 생명으로 충만해질 때까지 그분의 임재 안에 잠기는 것이다.

12년 동안 유대인들은 성전을 재건했고 이내 탈진했다. 그러나 하나님은 스가랴에게 하나님께서 벽이 없는 곳, 즉 세상의 보호책이 없는 그곳에서 친히 스가랴와 백성들과 함께 거하시겠다고 약속하셨다.

내가 불로 둘러싼 성곽이 되며 그 가운데에서 영광이 되리라 (슥 2:5)

하나님은 그들 가운데 영광이 되시고, 친히 성전을 충만하게 채우실 것이다. 또한 성전은 주님의 영광이 머무는 곳이 되고, 주님은 불로 둘러싼 성곽이 되셔서 그곳을 보호하실 것이다. 그러므로 우리도 성전을 만들기 위해서가 아니라 주님의 성전이 되기 위해 싸워야 한다. 다시 말해 주님의 아름답고 거룩한 거처가 되기 위해 싸워야 하는 것이다. 우리는 주님의 영광에 온전히 사로잡히기 위해 싸워야 한다. 주님은 우리를 부르

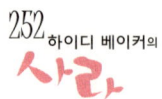

셔서 더 열심히 달리라고 하지 않으시고, 내려놓으라고 말씀하신다.

당신의 목적(destiny)은 무엇인가? 대학에 가는 것인가? 병원에서 일하는 것인가? 쓰레기 처리장 또는 열방으로 가는 것인가? 당신이 어디로 가서, 무엇을 하든, 당신의 목적은 하나님의 임재 가운데 온전히 그분의 소유가 되고 주님의 영광을 실어나르는 것이어야 한다. 그럴 때 대학에 있든지, 병원에 있든지, 쓰레기 처리장에 있든지 당신은 주님의 안식처가 된다. 그리고 그곳에는 오직 생명과 아름다움만이 존재한다.

Chapter 18
어린이날

"하나님께서 행하신 일을 보라!"

{ Rolland Baker }
롤랜드 베이커

우리 아이들은 지난밤에 거의 잠을 잘 수가 없었다. 오늘이 모잠비크의 멋진 국경일, 어린이날이기 때문이다! 각 본부마다 우리의 훌륭한 스태프들은 이 거대한 축제 중의 축제를 준비하기 위해 몇 달 동안 심혈을 기울여 일했다. 선물과 음식, 춤과 게임, 찬양과 예배, 사랑과 기도가 있는 축제는 예수님께서 우리에게 가져다주신 생명을 기념하기 위한 것이다.

하이디와 나도 설레는 마음으로 일찍 눈을 떴다. 오늘 우리는 정말 멋지게 보여야 한다. 카메라가 곳곳에 있을 것이고, 우리 아이들은 많은 관심과 사랑을 받을 것이다. 날씨도 완벽하다. 하늘은 맑고 파랗고, 가까이 보이는 바다는 평화로우며, 기온도 딱 좋다.

모든 사람들은 각자 맡은 일로 분주하다. 주방을 담당하는 자들은 4천 명 이상의 사람들을 먹이기 위해 밤새 닭고기를 준비하였다. 다른 이들은 그림을 그려 방을 장식하고, 선물을 포장하고, 아이들에게 옷을 입히는 등 모든 것을 확실하게 준비했다.

이제 예수님이 우리에게 가져다주신 사랑의 보물을 아이들에게 쏟아부을 시간이 되었다. 우리는 먼저 유아실부터 시작했다. 아이들에게 선물이 담긴 가방을 일일이 나눠주고 그들을 안아주고 함께 놀아주었다. 가방에서 선물을 꺼내는 아이들의 눈이 동그래지고 신이 나서 하얀 이를 드러내며 활짝 웃는다. 이 아이들이 처음 우리에게 왔을 때에는 넝마 같은 옷을 입은 채 너무 오랫동안 굶어서 영양실조로 죽어가고 있었다. 그러나 이제 통통하게 살이 올라 예쁜 옷을 말끔하게 차려 입은 아이들을 보니 참으로 놀랍고 감격스럽다.

계속해서 우리는 기숙사로 옮겨가 나이가 제법 많은 남자아이들에게로 갔다. 각각의 방은 깨끗하고 안락하며, 꽃과 풍선과 색 테이프로 장식되어 있고, 벽에는 성경구절이 곁들여진 재미있는 벽화가 그려져 있다. 이

아이들이 이전에 살았던 망가진 움막과 슬럼가에 비하면 얼마나 대조적인 환경인가! 각기 다른 연령대의 아이들을 위해 많은 시간을 들여 세심하게 신경을 써서 선물을 고른 스태프들이 정말 자랑스럽다. '하이디 엄마'(Mama Heidi)는 소년들과 충분한 시간을 보냄으로써 모든 아이들이 많은 사랑을 받고 있다는 사실을 확인시켜 준다. 모든 선교사들과 방문팀, 선교학교 학생들과 모잠비크인 스태프 모두는 가장 특별한 이날에 아이들에게 그들 자신을 완전히 쏟아부었다.

드디어 점심시간! 오늘 우리는 엄청난 양의 식사를 준비하여 거대한 잔치를 벌였다. 우리는 인근 마을에 사는 수천 명의 아이들을 초청했다. 이들은 가난한 자들 중에서도 가장 가난한 자들로, 한 번도 이런 잔치를 경험해본 적이 없다. 드넓은 마당을 가로질러 긴 줄이 생겼다. 그들을 모두 먹이려면 하루 종일 걸릴 것이다. 이것은 참으로 흥분되는 일이다! 이곳에서의 잔치 음식은 오직 한 가지뿐이다. 즉 즙이 많은 닭고기 바비큐와 음료수, 그리고 누구든지 먹을 수 있는 쌀과 옥수수이다. 하지만 모잠비크에서는 이런 음식도 매우 귀하다.

이곳의 잔칫날 풍경은 정말 볼만하다. 온갖 연령대의 외국인들과 아프리카 사람들이 벤치와 바닥 어디에나 북적거린다. 혼란스럽지만 얼마나 축복된 북적거림인지 모른다! 병과 음식찌꺼기, 접시들을 계속해서 치우지만, 여전히 사방에 널려 있다. 부엌의 생산라인은 몇 시간 동안 계

4,500명의 점심식사를 준비하는 주방의 바쁜 손길

닭고기와 밥과 음료수. 이보다 더 좋을 순 없다!

속해서 맛있는 음식을 쏟아내고 있다. 가난하고 배고픈 이 나라에서 잔치가 열린 이곳은 그야말로 지상천국이다!

이처럼 풍성한 잔치에 소녀들의 춤이 아프리카 문화의 풍미와 흥을 더한다. 그들은 이 춤을 몇 주 동안 연습했다. 춤이 시작되자 현란한 리듬의 북소리, 역동적인 에너지로 축제의 분위기가 고조된다. 아이들은 생명과 소망으로 충만한 가운데 기뻐한다. 그 모습은 모든 스태프들과 방문객들에게 가장 융숭한 대접이다!

점심을 먹은 후에 하이디와 나는 가장 나이가 많은 소년·소녀들의 방을 방문했다. 그들은 하루 종일 인내심을 가지고 기다렸다. 이제 우리는 아이들 각자에게 관심을 쏟는다. 이들이 처음 아이리스에 왔을 때의 모습과 현재의 모습이 너무나 달라 놀랍고도 기쁘다. 수년 전, 그들에게 꿈이 무엇이냐고 물었을 때 그들이 생각할 수 있는 것은 단지 충분한 음식과 몇몇 옷가지와 안전한 거처뿐이었다. 그러나 이제 그들은 꿈과 비전으로 설렌다. 그들이 되고 싶은 것은 무엇일까? 의사, 엔지니어, 비행기 조종사, 목사, 교사, 전도사, 선교사 등 그들은 빛나는 눈과 환한 미소로 다양하게 대답했다. 이렇듯 모잠비크의 젊은이들이 꿈꾸는 자들로 변화되고 있다.

이 짧은 하루는 이토록 황폐한 땅에서 복음을 위해 투쟁한 긴 역사에 비하면 상대적으로 무의미하고 매우 하찮은 순간처럼 보일 수도 있다. 하지만, 사실 이날은 하나님이 우리 가운데 행하신 일이 무엇인지를 가장 생생하게 보여준다. 즉 하나님의 사랑이 이 땅의 가장 작은 자들의 삶 가운데 임하셔서 그들에게 현세와 내세에 대한 소망과 미래를 주셨음을 증거하는 것이다. 우리는 이곳에서 주님의 사랑이 실제적인 방법으로 매우 다양하게 나타나고 있는 것을 목격하고 있다. 그리고 모잠비크에서 보낸 세월의 소중한 열매들을 두 눈으로 확인하고 있으며, 이 열매가 영원하다는 것을 알고 있다.

이 모든 것으로 인해 다시금 새로운 힘이 솟는다. 선하고 신실하신 하나님은 우리를 이곳까지 인도하셨다. 그리고 주님은 계속해서 주님 자신과 그분의 아름다운 일을 지상에서 가장 후미진 이곳의 가난하고 천한 자들에게 나타내실 것이다. 주님의 사랑과 은혜로 복음은 계속해서 전진한다.

이곳 모잠비크에서 우리는 아이리스를 통해 우리가 꿈꿀 수 있는 것보다 훨씬 더 큰 하나님의 능력을 보았다. 우리는 우리가 구하거나 상상한 것 이상의 것들을 받았다. 그러나 예수님은 지금도 계속해서 더 많은 것을 우리에게 쏟아붓고 계시며, 그 끝이 어디인지는 아무도 모른다. 하나님은 지금도 주님의 성령을 한없이 부어주신다. 그러므로 우리는 우리 앞에 놓인 것을 향해 계속해서 전진할 수 있다.

계속되는 부흥

수년 전, 태어날 때부터 시각장애인이었던 한 남자아이가 치유되는 놀라운 일이 일어났다. 아이의 눈은 마치 구름이라도 낀 것처럼 전체가 희였다. 그런데 수많은 모잠비크 사람들과 선교학교 학생들, 방문객들 앞에서 순식간에 치유되었다. 이 놀라운 역사는 펨바 근처 미에제에 있는 아이리스 교회에서 일어났다. 그 치유의 사건 이후, 이 교회에서 지난 몇 년 동안 수많은 치유의 기적이 일어났고, 그것을 목격한 사람들이 믿

이 아이는 몇 분 전만 해도 눈 전체가 완전히 하얗게 뒤덮여 아무것도 보지 못했다.

음의 공동체를 이뤄 나날이 부흥하고 있다.

펨바 본부는 계속해서 성장하고 있다. 이곳에는 수천 명이 다니는 교회가 있고, 성경학교와 선교학교, 어린이센터, 초등학교가 있다. 또한 수백 명의 선교사들과 학생들, 스태프들과 방문객을 수용할 수 있는 숙소가 있다. 이곳은 1년 내내 수십 개 나라에서 온 다양한 국적을 가진 사람들로 인산인해를 이루는데, 이는 성령께서 하시는 일이다. 그리고 전 세계 곳곳에서 가난한 자들을 섬기는 우리의 사역을 후원하는 그룹들이 형성되고 있다. 우리는 초자연적인 하나님의 나라와 주님의 주권적 역사 가운데 서 있다. 그리고 그 역사는 신선한 경외감 가운데 우리를 휩쓸고 있다.

물론 우리는 계속해서 극도의 시험을 통해 정제되는 과정을 거친다. 하나님께서 일하시는 곳에는 언제나 온갖 종류의 반대와 저항이 있기 마련이다. 그런 과정 중에 어떤 이들은 넘어지고 도중에 포기한다. 영적으로 적진 깊숙한 곳에 있는 우리는 계속해서 수많은 위협을 받고 있다. 그래서 종종 부상을 당하기도 하지만, 결코 쓰러지지 않는다. 고난을 통해 죽은 자를 살리시는 하나님을 신뢰하는 법을 배우며, 우리는 영광에서 영광으로 들어간다(고후 1:8-11). 죽은 자들이 살아나고, 잃었던 자들이 구원을 받으며, 굶주린 자들이 먹게 된다. 또한 외로운 자들에게 가족이 생기고, 가난한 자와 소망이 없는 자들이 비전과 꿈을 갖게 되며, 사랑과 희락과 화평이 통치한다. 이 모든 것은 주님이 행하신 바이며, 그분만이

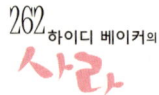

이 일을 끝내실 수 있다. 완전하신 주님은 우리를 온전케 하실 것이다.

밀림의 목회자들을 양성하는 성경학교는 우리의 기쁨이다. 학생들은 3년 혹은 4년 동안 매년 3개월씩 이곳에 와서 하나님의 말씀과 성령에 깊이 잠긴다. 그런 다음 5년째 되는 학생들을 우리는 'MMs'(Mozambican Missionaries, 모잠비크인 선교사)라고 부른다. 겸손하고 견고하며 열정적이고 성숙한 이 복음의 전달자들은 모잠비크를 위한 하나님의 히든카드이다. 그들의 간증은 듣기만 해도 전율이 흐른다. 치유, 구원, 기쁨, 온갖 종류의 변화들이 이들에게서 흘러나온다. 우리는 이들이 너무나 자랑스럽다. 나는 우리 팀을 포함한 모든 신앙인들이 이들에게서 배워야 한다고 생각한다! 이들 믿음의 영웅 중의 한 사람인 아드리아노 목사는 이렇게 말한다.

펨바에 있는 하비스트스쿨은 1년에 10주간씩 두 차례 운영됩니다. 이곳은 주님을 위해 자신의 생명을 내어놓은 열정적인 선교사 후보생들을 양성하는 곳입니다. 그들은 언제나 친밀하고 환희와 자유로 충만하여 놀라운 능력을 풀어내는 가족공동체입니다. 우리는 전 세계에 필요한 모든 사랑과 영적 갈망을 수용하고 이에 응답하기 위해 능력을 간구합니다. 선교를 배울 수 있는 가장 좋은 곳은 바로 선교 현장입니다. 이곳에서 우리는 날마다 주님께서 우리 마음에 두신 것을 실천할 수 있습니다. 주님께서 계속해서 풍성한 인적 자원들 가운데 많은 이들을 부르셔서, 우리를 도와 하나님의 은혜의 복음을 전 세계의 가장 어려운 곳에 전하는 과업을 완수할 수 있게 해주시길 기도합니다.

이 밖의 다른 아이리스 본부에서도 풍성한 소식들이 들려온다. 우리는 지금 선교운동이 탄생하여 무섭게 성장해가는 모습을 지켜보고 있다. 이 운동의 모든 것은 오직 성령께서만 하실 수 있는 장엄한 특징을 지니며, 말씀과 성령의 상호작용으로 유지된다. 우리의 소망은 단지 아이리스를 위한 것이 아니라, 우리 하나님과 구세주를 기쁘시게 하는 영원한 열매를 맺는 데 있다.

예이 본부 이야기

국제연합(UN)이 엘레이나를 수단의 예이에 위치한 아이리스 본부에 데려왔을 때, 15살 된 그 소녀는 매우 끔찍한 참상을 겪은 직후였다. 그녀는 콩고공화국의 정글에 있는 LRA(Lord's Resistance Army, 콩고와 수단 등지에서 활동하는 무장단체 – 역주)에 의해 납치되어 짐승취급을 받으며 살았다. 엘레이나는 고문을 당했고, 눈앞에서 수많은 사람들이 살해되는 모습을 보았으며, 며칠 동안 나무에 묶인 채 방치되기도 했다. 엘레이나가 우리 본부에 왔을 때, 그녀는 제대로 앉아 있을 수 없었고 양손을 사용할

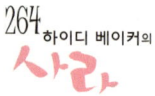

수도 없었다. 그녀의 몸 전체는 상처투성이였고, 두 눈은 두려움과 고통에 질려 초점을 잃었다. 그러나 미셸 페리를 비롯한 예이의 아이리스 식구들과 함께 지내면서 점차 회복되기 시작했다. 시간이 지나면서 그녀는 평안과 안정을 되찾았고, 새로운 친구들 속에서 함께 웃을 수 있었다. 그리고 그녀의 팔도 거의 완전하게 회복되었다. 두 달이 지나 예수님 안에서 치유되고 회복된 그녀는 콩고공화국에 있는 가족에게로 돌아갔다.

이처럼 우리는 사탄의 잔혹함에 희생되었던 자들이 한 사람씩 다시 생명으로 돌아오는 것을 보고 있다. 완전히 회복된 그들을 통해 예수님이 정말 기뻐하시는 것이 무엇인지를 알게 된다. 예수님 안에서 엘레이 나에게 소망이 있다면, 어느 곳의 그 누구에게든지 소망이 있다.

주님은 아이리스 본부가 있는 모든 곳에서 그러하시듯 예이에서도 바쁘게 일하신다. 지난번에 예이를 방문했을 때, 아이리스 부흥학교 학생들이 전한 기쁜 소식을 여기에서 간략하게 나누고자 한다.

한 가정의 치유

학생 중 2명이 예이 본부 근처에 사는 이웃을 방문하러 갔다. 가톨릭 신자였던 그의 가족들은 모두가 심하게 병을 앓고 있었다. 하나님은 이 두 사람이 기도해주러 오기 전에 그에게 꿈을 꾸게 하셨다. 꿈속에서 그는 예수님께서 이 두 사람과 함께 오시는 것을 보았다. 그리고 그 다음날 우리 학생들이 그 앞에 나타났다. 그 남자는 이 낯선 사람들의 기도를 받

수단 예이의 거리에 휘날리는 먼지와 쓰레기

하나님의 사랑이 절실하게 필요한 수단의 빈민가 주민들

으며 격하게 반응했다. 결국 그날 그의 가족 모두가 치유를 받았다.

감옥에 임한 은혜

이곳의 간수들도 계속해서 기도를 요청하고 있다. 우리 팀원들이 감옥을 찾아가 각 방마다 다니며 기도를 해주었는데, 이는 악한 영들의 괴롭힘이 극심했기 때문이었다. 그러나 우리 팀원들이 기도하자 귀신들이 떠났다. 많은 죄수들이 그날 신체적 고통에서 놓임을 받았다. 팀원들은 심각한 통증으로 고통 받던 한 남자를 위해 기도했다. 6년째 복역 중이었던 그는 자신이 거짓 송사를 받았다고 말했다. 억울한 마음과 증오가 극심했던 그가 자신을 고발한 사람을 용서하기로 작정하고 기도한 순간 모든 통증이 떠나갔다.

병원에서의 놀라운 역사

하나님은 이곳에서 정말 많은 사람들을 고치고 계신다. 심지어 지난 3-4주 사이 환자로 가득했던 병원이 거의 빌 정도로 놀라운 역사를 행하셨다. 이제 소수의 중환자들만이 기도를 받기 위해 남아 있다. 간호사들은 우리 팀원들에게 감사해하고 있다. 그들은 현재 우리에게 기도를 부탁할 뿐만 아니라 환자들을 위해 기도하는 법을 가르쳐달라고 한다!

치료받은 많은 사람들 중 로즈라는 한 여인을 소개하고자 한다. 그

예이의 연못에서 행하는 세례식

여인은 병동의 바닥에 죽은 듯이 누워 있었다. 죽고 싶어서 독약을 먹은 그녀는 보지도, 듣지도, 말하지도 못하고, 걷지도 못하게 되었다. 존 세빗과 팀원들은 걸음을 멈추고 그녀를 위해 기도했다. 그런 다음 다른 환자들을 향해 걸음을 옮겼다. 기도를 모두 마친 후 병동을 나서려던 그들은 아까 그 여인이 보고 듣고 걷는 것을 보았다. 기적적으로 치유된 그녀는 자신을 로즈라고 소개했다!

한 어린 소년은 최근에 카토룸에서 이곳으로 왔다. 나무에 오르다가 떨어진 그는 다리가 뒤틀리고 마비되었다. 매우 고통스러워하는 그를 위해 우리 학생들이 기도했다. 그러자 통증이 떠나고 양 다리가 곧게 펴졌다. 그들이 일으켜 세우자 그는 다시 걷기 시작했다. 할렐루야!

경찰학교에서의 사역

한 달 전에 약 500명의 경찰관 후보생들이 우리 본부 근처에 훈련을 받으러 왔다는 것을 알게 되었다. 그들은 우리 본부가 있는 주(state) 전역에서 왔다. 팀원 중 한 사람이 이들에 대해 큰 부담을 느끼고 기도하기 시작했다.

그러던 어느 날, 차를 몰고 가던 팀원들이 경찰학교 앞에서 멈춰야 한다는 느낌을 강하게 받았다. 주신 감동에 순종하여 차를 멈추고, 핵심 리더 중 한 사람인 존이 그들의 지휘관을 만나러 갔다. 지휘관은 존에게 이렇게 말했다. "그동안 어디에 계셨습니까? 우리는 당신들의 도움이 필요합니다. 지금 우리는 각종 악귀의 공격을 받고 있는데, 이에 대해 어떻게 대처해야 할지 말해줄 사람이 필요합니다!" 지휘관은 경찰학교로 팀원들을 초청하여 이 부분에 대해 학생들을 지도해달라고 했다. 그래서 부흥학교 팀원들까지 합류해서 그곳에서 복음을 전했다. 그날 500명의 학생들 가운데 495명이 예수님을 따르기로 결단했으며, 조만간 그들을 위해 근처의 연못에서 세례식을 거행할 예정이다.

소말리아와 케냐 북부의 소식

CNN은 75만 명의 소말리아인들이 기아로 곧 사망할 위기에 처해 있으며, 이는 단지 시작에 불과하다고 보도했다. 아프리카의 뿔(horn) 지역이 60년 만에 가장 극심한 가뭄을 겪고 있지만, 최악의 공범자는 이 나라의 정치이다. 다시 말하지만, 이 지역의 가장 근본적인 문제는 가난과 질병이 아니라 국가 전체적으로 만연한 죄이다. 오직 예수님만이 이 문제에 대한 유일한 해답이시다. 우리는 복음과 더불어 실제적이고 현실적인 지원을 통해 주님이 어떤 분이신지를 보여줘야 한다.

아이리스의 비전은 북부아프리카에 있다. 우리는 아프리카 남부에서 시작된 부흥의 불길이 아프리카 북부와 예루살렘까지 번져가길 소망한다. 비록 상상할 수 없는 장애물들이 도사리고 있지만, 주님의 이름으로 불가능한 것들이 가능케 될 것을 생각하면 전율이 느껴진다. 감사하게도 우리는 오랜 세월의 여정을 통해 이러한 일에 익숙해 있다.

우리는 지난달에 소말리아의 상황을 확인하기 위해 케냐 북부로 탐색팀을 보냈다. 아이리스의 장기 스태프인 아니아 노스터와 벤 처치도 함께 동행했다. 그들은 모가디슈에서 나흘을 머문 뒤 이제 막 돌아왔다. 다음은 아니아의 보고 내용이다.

저는 올해 말에 다시 이 지역으로 갈 예정입니다. 운반이 어렵긴 하지만 저

는 식량구호물자를 가져가고 싶습니다. 왜냐하면 민병대들이 식량 때문에 사람들을 죽이고 이를 훔쳐가기 때문입니다. 그래서 저는 이 문제를 위해 기도하고 있으며, 소말리아에 있는 몇몇 사람과 연락을 취하고 있습니다. 현재 다른 단체를 통해 구호 활동을 벌이고 있지만, 어떻게 하면 아이리스 구호팀을 통해 최선의 도움을 받을 수 있는지를 알아보려 합니다. 우리는 식량과 홍역 예방백신 그리고 우기에 임시 숙소를 가릴 비닐을 제공해주고 싶습니다.

소말리아는 대부분이 전쟁지역이고 백인들과 방문객들이 자주 납치되기 때문에, 현재로선 팀을 증원하여 데려갈 계획이 없습니다. 제가 그곳에 있는 동안 프랑스에서 온 한 그룹이 2년 전에 인질로 납치된 그들의 친구를 찾고 있었습니다. 며칠 전에는 모가디쉬에서 기자 한 명이 총에 맞아 죽었고, 또 한 사람은 부상을 입었습니다. 이 나라는 하나님의 영광이 임할 때가 임박한 추수를 기다리는 나라입니다. 저는 어서 빨리 그곳으로 다시 가고 싶습니다.

새로운 전방

아이리스의 핵심가치 중 하나는 언제나 지극히 작은 자, 가장 가난한 자, 가장 절실한 자와 선한 것을 경험할 가능성이 세상에서 가장 적은 자들에게 집중하는 것이다. 이러한 곳에서 우리의 완전하신 구세주께서는 비할 데 없는 은혜와 능력을 보여주시길 좋아하신다. 모잠비크는 아프리카에서 우리의 시작점이었고, 계속해서 하이디와 나의 최대의 관심사가 될 것이다. 그러나 아이리스가 성장하고 주님께서 추수할 일꾼들을 더해주시면서, 우리는 아프리카 북쪽 지역 전체의 추수를 위해 기도하고 있다.

현재 우리의 선교 최전방은 남수단과 콩고공화국이며, 케냐 북부와 소말리아 그리고 에티오피아까지 퍼져가고 있다. 우리는 예수님께서 주님의 영광의 전달자인 우리에게 홍수같이 임하셔서 이 지역 가운데 역사하는 원수의 세력을 파괴하시길 기도한다. 현재 아프리카에서 영양실조 문제가 가장 심각한 나라는 자원이 풍부한 콩고공화국이다. 다시 말하지만, 이 나라의 주요문제는 창궐한 죄이다.

우리는 우리 앞에 놓인 모든 두려움과 험난한 소식에도 불구하고 감히 기뻐하려 한다. 왜냐하면 우리에겐 온 마음을 다해 믿을 수 있는 완전하신 구세주가 계시기 때문이다. 그러나 만일 우리가 좌절하거나 낙망하면 아무런 소용이 없다. 우리의 신앙은 언제나 순전하고 진실해야 한다. 우리의 능력은 예수님의 십자가에만 있다. 그러므로 우리는 오늘도 주님의 말씀과 어린 양의 보혈로 어둠의 세력을 침공한다.

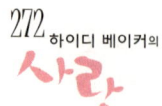

묵상의 시간

대제사장 여호수아는 여호와의 천사 앞에 섰고 사탄은 그의 오른쪽에 서서 그를 대적하는 것을 여호와께서 내게 보이시니라 여호와께서 사탄에게 이르시되 사탄아 여호와께서 너를 책망하노라 예루살렘을 택한 여호와께서 너를 책망하노라 이는 불에서 꺼낸 그슬린 나무가 아니냐 하실 때에 (슥 3:1-2)

사랑하는 자여, 우리는 육체를 따라 전투할 수 없다. 대신 우리의 마음을 사로잡는 하나님의 거룩한 불 속으로 들어가야만 한다. 왜냐하면 그곳이야말로 가장 안전한 곳이기 때문이다. 하나님의 거룩한 불만이 우리를 정결케 하고, 모든 더러운 것을 씻어내며, 모든 어둠을 몰아내기 때문이다. 우리가 불 한가운데 있을 때, 하나님은 우리를 두르시는 불벽이 되셔서 안전하게 지키신다!

어둠의 세력들은 항상 더러운 싸움을 건다. 펨바 본부 밖에는 무당들이 있다. 그들은 우리를 닮은 인형을 만들어 그것에 커다란 핀을 꽂으며 저주하지만, 우리는 두렵지 않다. 왜냐하면 그들이 사용하는 더러운 방법에는 능력이 없기 때문이다. 모든 무당과 귀신, 그리고 지옥의 세력들이 이길 가능성은 없다. 우리는 불에서 꺼낸 불타는 나무이다. 그 불은 우리의 마음을 사로잡고 계시는 주님의 거룩한 불이다.

우리가 부르심을 받아 해야 할 일은 오직 하나님의 임재 가운데 거하면서, 주님이 우리에게 지시하시는 곳에 가는 것이다. 여호수아처럼 우리는 주님의 임재 가운데 서 있다. 그리고 주님께서는 사탄을 꾸짖으신다. 주님이 우리의 원수를 꾸짖으시므로 우리는 두려워할 것이 하나도 없다.

> 여호수아가 더러운 옷을 입고 천사 앞에 서 있는지라 여호와께서 자기 앞에 선 자들에게 명령하사 그 더러운 옷을 벗기라 하시고 또 여호수아에게 이르시되 내가 네 죄악을 제거하여 버렸으니 네게 아름다운 옷을 입히리라 하시기로 내가 말하되 정결한 관을 그의 머리에 씌우소서 하매 곧 정결한 관을 그 머리에 씌우며 옷을 입히고 여호와의 천사는 곁에 섰더라 (슥 3:3-5)

하나님께서 여호수아의 모든 더러운 것들을 제해 주신 것처럼, 우리의 더럽고 추한 죄악 역시 완전한 구세주이신 예수님의 보혈로 제거되었다. 주님께서 사랑 가운데 주시는 부요의 옷, 즉 의와 승리의 옷을 입고 걷겠는가? 우리에게는 두려워해야 할 이유가 전혀 없다. 주님의 사랑이 우리 안에 있기 때문이다. 우리의 마음과 생각을 변화시켜 주님의 생각, 즉 그리스도의 마음을 갖게 할 주님이 주시는 관을 쓰겠는가?

> 이는 힘으로 되지 아니하며 능력으로 되지 아니하고 오직 나의 영으로 되느니라 (슥 4:6)

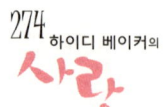

우리가 가진 모든 것은 하나님의 은혜로 거저 받은 것이다. 주님의 사랑은 획득되어지는 것이 아니다. 당신은 주님이 거하시는 처소가 되겠는가? 만일 주님께서 부탁하신다면, 모든 것을 내려놓고 전혀 쓸모없어 보이는 일도 기꺼이 하겠는가? 그저 주님을 사랑하기 때문에 그렇게 할 수 있겠는가?

사랑하는 자여, 주님은 우리가 천년을 걸려 할 수 있는 일을 단 하루 만에 하실 수 있다. 그러니 주님께 "예"라고 말하라. 그리고 고민하지 말라. 그러면 주님께서는 그분의 성전을 친히 세우실 것이다.

에필로그

감사합니다!
Thank you!

　계속해서 이어지는 후원에 우리는 놀라고 있다. 그러나 우리는 오늘도 마음을 다해 14개의 본부에 속한 우리 가족에게 일용할 양식을 주시길 기도한다. 때로 주님은 마지막 순간에 주시기도 하지만, 매일 신실하게 공급하신다. 그런 우리의 삶과 사역에는 중보와 관대함이 흘러넘친다. 셀 수 없을 정도로 많은 사람들이 아이리스의 사역을 지지하고 후원하는 전 세계의 사람들을 통해 심오한 변화를 경험했다.
　지금도 다양한 특별구호 활동과 개발 프로젝트가 계속 진행되고 있다. 수많은 아프리카 식구들을 계속 먹이고 재우고 돌보며 섬기는 엄청

난 사역을 후원하는 사람들의 사랑의 빚에 깊이 감사드린다. 모든 본부에서는 매월 엄청난 예산을 필요로 한다. 그런데 매달 전 세계에서 너무나 많은 사람들이 우리가 계속 일할 수 있도록 민첩하고 후하게 재정을 후원하고 있다. 이것은 매우 놀랍고도 초자연적인 역사이다.

또한 우리가 일련의 영적 저항과 위기 그리고 물리적 도전에 직면할 때마다 우리를 위해 중보해준 수많은 분들에게도 진심으로 감사를 드린다. 우리의 사역이 열매를 맺는 것은 전 세계의 아이리스 가족들의 사랑과 믿음과 기도에 대한 응답이라고 믿는다. 우리는 하나님께서 그분들에게 풍성하고 놀라운 축복을 부어주시길 기도한다.

앞으로도 우리와 함께할 수 있는 사역의 기회는 무궁무진하다. 너무나 많은 선교지에서 기아에 대처하기 위한 다양한 필요가 폭발적으로 늘어나고 있어서 사역 확장과 행정기반 확충이 절실하다. 또한 우리 선교학교의 규모도 이번 학기에 거의 2배로 늘어났다. 하지만 우리는 모든 면에서 부족함이 없도록 넉넉히 채워줄 도움의 손길이 있을 것이라 믿고 기도하고 있다. 예수님을 위해 당신의 삶을 쏟아부으라. 다른 길은 없다!

단 한 사람을 위해

예수님은 나를 위해 생명을 버리심으로
나의 고통을 가져가셨다.
그분이 내 심장을 다시 뛰게 하시니
나는 다시 사랑할 수 있다.
그에 대한 보답으로 무엇을 해야 할지 주님께 물었다.
그러자 주님은 그분의 마음을 아프게 하는 것들을
내게 보이셨다.
그리고는 이렇게 말씀하셨다.

내 나라가 임할 때까지
한 사람을 위해 걸음을 멈춰라.
단 한 사람을 위해 걸음을 멈출 때
가장 작은 씨앗에서
커다란 나무가 나온다.

주님은 나에게 거리의 고아들을 보여주셨다.
그들의 얼굴에는 두려움이 가득하고
춥고 굶주린 그들 주변엔

언제나 사망이 맴돈다.

엉성한 드레스를 입은 소녀들이

차를 타고 지나가는 남자들을 지켜본다.

키스를 팔 때마다

그들의 영혼은 나날이 시들어간다.

주님께서 말씀하셨다.

내 나라가 임할 때까지

한 사람을 위해 걸음을 멈춰라.

단 한 사람을 위해 걸음을 멈출 때

가장 작은 씨앗에서

커다란 나무가 나온다.

나는 목적 없이 사는 소년들이

때가 되기 전에 성급하게 남자가 되는 것을 보았다.

그들은 날마다 조금씩 나빠져

결국 범죄에 빠진다.

슬픔을 달래기 위해 마약을 하지만

고통은 결코 사라지지 않는다.

평화는 잠시 지속되는 듯하지만

이내 고통은 다시 시작된다.

주님은 어린 아이들을 위해

갈보리 십자가의 강도를 위해

우물가의 한 여인을 위해

걸음을 멈추셨다.

그리고 주님은 나를 위해 걸음을 멈추셨다.

주님은 이 전쟁이 끝날 때까지

가서 또 한 사람을 사랑하라고 말씀하신다.

이 세상에서는 환난을 당하지만

결국은 승리할 것이다.

주님이 말씀하셨다.

내 나라가 임할 때까지

한 사람을 위해 걸음을 멈춰라.

단 한 사람을 위해 걸음을 멈출 때

가장 작은 씨앗에서

커다란 나무가 나온다.

이 땅에서 내 뜻이 이뤄질 때까지

한 사람을 위해 걸음을 멈춰라.

단 한 사람을 위해!

(클레어 볼스터, 2012)